新时代乡村文化生活化建设研究

汪卉卉 | 著

知识产权出版社

全国百佳图书出版单位

—北京—

图书在版编目（CIP）数据

新时代乡村文化生活化建设研究 / 汪卉卉著 . —北京：知识产权出版社，2025. 4.
ISBN 978-7-5130-9969-1

Ⅰ. G127

中国国家版本馆 CIP 数据核字第 2025SA4260 号

内容提要

本书立足乡村振兴战略，研究近代以来中国乡村文化建设的演变，基于田野调查探讨新时代国家治理与农民主体互动如何通过空间规划、伦理塑造及行为养成提升乡村文明，为乡村文化振兴提供实践路径与理论参照。

本书可供社会学、人类学领域的研究者阅读。

责任编辑：高　源　　　　　　　　责任印制：孙婷婷

新时代乡村文化生活化建设研究
XINSHIDAI XIANGCUN WENHUA SHENGHUOHUA JIANSHE YANJIU

汪卉卉　著

出版发行：知识产权出版社 有限责任公司	网　　址：http://www.ipph.cn
电　话：010-82004826	http://www.laichushu.com
社　址：北京市海淀区气象路 50 号院	邮　编：100081
责编电话：010-82000860 转 8701	责编邮箱：laichushu@cnipr.com
发行电话：010-82000860 转 8101	发行传真：010-82000893
印　刷：北京中献拓方科技发展有限公司	经　销：新华书店、各大网上书店及相关专业书店
开　本：880mm×1230mm　1/32	印　张：7.125
版　次：2025 年 4 月第 1 版	印　次：2025 年 4 月第 1 次印刷
字　数：150 千字	定　价：68.00 元
ISBN 978-7-5130-9969-1	

自　序

　　在中华民族伟大复兴的征途中，乡村文化建设始终承载着赓续文明薪火、滋养精神家园的历史使命。本书的写作，源于笔者对近百年来中国乡村文化变迁的长期研究与思考，更植根于新时代乡村振兴战略的实践沃土。当社会主要矛盾转化为人民日益增长的美好生活需要和不平衡不充分的发展之间的矛盾，如何让文化建设的根系深扎于乡村大地，如何使精神滋养的活水浸润百姓生活，成为这个时代赋予我们的重要命题。本书以日常生活为研究视角，构建起包含三维度的理论框架：场景化的乡村文化生活空间规划、现代化的村庄生活伦理塑造，以及文明化的农民日常生活行为养成。这一理论创新并非书斋中的空想，而是扎根于M村田野调查的实践观察。当笔者深入观察祠堂改造的文化服务中心如何焕发新生，见证乡贤理事会如何调和传统礼俗与现代规范，记录村民从被动接受到主动参与的文化觉醒过程，一幅国家治理与农民生活同频共振的生动图景便跃然眼前。

　　研究发现，新时代乡村文化生活化建设绝非简单的政策移植或景观再造。M村文化实践既彰显了政府引导与村民自治的"协同效应"，也暴露出文化空间过度景观化、价值共识碎片化、行为惯习惰性化等深层问题。这些发现促使我们反思：当城市文明浪潮席卷乡村，如何在守护文化根脉中开辟新局？当个体意识日益觉醒，如何在尊重主体性中凝聚共识？这些问题既考验着治理智慧，更叩问着知识分子的学术良知。本书以"国家—社会"互动为经，以"传统—现代"转化为纬，着力阐释三个核心命题：其一，乡村文化生活化建设如何从革命年代的动员机制演进为新时代的浸润模式？其二，农民群体如何从乡村文化生活化建设的客体转化为自觉主体？其三，日常生活如何从治理对象升华为文明载体？在方法论层面，本书创造性地将参与式观察与深度访谈相结合，让学术研究既有理论高度又具泥土气息。

　　本书脱胎于笔者的博士毕业论文，成稿过程本身就是一场知行合一的精神跋涉。从博士论文的文献爬梳到专著的田野拓展，从单一案例的深描到比较研究的展开，每一次理论突破都经历着蝉蜕般的学术成长。在历时近一年的田野调查中，笔者与村民同吃同住，记录下96场深度访谈、16次节庆活动、12场文化调解的鲜活案例。这些带着露珠的素材，经过理论淬炼与反复推敲，最终凝结成书中的观点与建议。在此特别感谢导师陈义平教授孜孜不倦的耐心指导和M村干部群众的坦诚相待，他们深厚的学术造诣与朴素的生活情感，始终是本研究最宝贵的灵感源泉。

面对乡村振兴的这一历史性课题，本书提出"乡村文化生活化建设"的范式创新：强调治理逻辑应从制度本位转向生活本位，治理效能应体现在广大农民日常生活品质的提升，治理创新应发轫于农民最真切的文化体验。这种治理哲学，本质上是对以人民为中心的发展思想的学理呼应，即当治理实践真正尊重生活逻辑、回应生活诉求、滋养生活意义时，乡村文化振兴便获得了最深沉的力量源泉。

搁笔之际，窗外的银杏叶正由绿转金。这让笔者想起在M村调研时，老支书指着千年古槐说的那句话："建设之道，贵在让老树发新芽。"笔者坚信：当文化建设的犁铧深耕于生活沃土，当精神滋养的种子播撒在百姓心田，乡村振兴必将收获物质与精神的双重丰收。愿本书能为这场伟大的文明实践提供些许思想火种，更期待更多同道携手共绘新时代乡村文化振兴的壮美画卷。书中不足之处，恳请学界同仁与读者朋友批评指正。

汪卉卉

2024 年霜降于安大磬苑

目　录
CONTENTS

第一章　绪　论

文化乃民族之魂，是民族的精神基因和集体记忆的载体。追溯文化的起源，文学、艺术、建筑等多样化的文化形式，大多发源于乡村这片沃土。2013 年 12 月 23 日，习近平总书记在中央农村工作会议上指出："农村是我国传统文明的发源地，乡土文化的根不能断，农村不能成为荒芜的农村、留守的农村、记忆中的故园。"[1] 文化既是乡村社会历史演进的产物，也集中体现了农民的精神追求与价值选择。乡村文化，凭借其独特且丰富的内涵，在一定程度上塑造了其发展过程中所展现的民族性和地域性特色，成为与城市文化及其他文化形态相区别的鲜明标识。加强乡村文化建设，对于乡村生活空间的科学规划、村庄生活伦理的塑造、健康文明的农民日常生活行为惯习的养成、和谐稳定农村社会秩序的构建都具有深远意义。这不仅是对乡村历史文化的传承与尊重，更是对未来乡村社会发展的有力支撑和推动。

---

[1] 习近平 . 论 "三农" 工作 [M]. 北京：中央文献出版社，2022：100.

第一节　研究缘起

2012年11月15日，习近平总书记在十八届中共中央政治局常委同中外记者见面会上指出："人民对美好生活的向往，就是我们的奋斗目标。"[1] 2017年10月，习近平总书记在党的十九大报告中指出："全党同志一定要永远与人民同呼吸、共命运、心连心，永远把人民对美好生活的向往作为奋斗目标，以永不懈怠的精神状态和一往无前的奋斗姿态，继续朝着实现中华民族伟大复兴的宏伟目标奋勇前进。"[2] 这是以习近平同志为核心的党中央对全党、全国各族人民所作的庄严承诺，也是对党和国家事业发展的重大贡献。

在党中央的政治承诺和治理目标的指引下，国家资源得以集中而高效地投入基层，一系列具体且关键的基层治理工作内容迅速铺开，不仅使各地乡村社会的面貌焕然一新，更让农民的生活发生了翻天覆地的改变。更为重要的是，这些变革对广大人民群众的

---

[1] 中共中央文献研究室.十八大以来重要文献选编（上）[M].北京：中央文献出版社，2014：70.

[2] 习近平.决胜全面建成小康社会　夺取新时代中国特色社会主义伟大胜利——在中国共产党第十九次全国代表大会上的报告（2017年10月18日）[M].北京：人民出版社，2017：1.

基本生产、生活方式及生活体验都产生了深刻而长远的影响。党的十九大庄严宣告，中国特色社会主义建设进入了一个新时代。笔者和课题组在农村进行的田野调查发现，在脱贫攻坚、人居环境整治、厕所改革、煤改气、移风易俗等方面工作的推动下，农民的生产、生活在短时间内发生了显著变化。从这个意义上讲，新时代实现乡村文化建设的生活化面向，不仅对于乡村产业振兴有着重要意义，而且对于打破我国城乡二元结构、实现乡村振兴战略、促进乡村社会和谐稳定发展和维护公序良俗都有着重要意义。

一、研究问题

本书试图研究并回答以下问题：第一，新时代乡村文化生活化建设的主要内容和逻辑机制；第二，国家介入农民日常生活世界，农民作为乡村文化建设的实践者和受益者在此过程中是如何回应的？第三，基于生活化建设逻辑，提出新时代乡村文化生活化整体性优化路径。

二、研究意义

2017年10月，党的十九大报告首次提出实施乡村振兴战略，并将其确定为决胜全面建成小康社会需要坚定实施的七大战略之一。在乡村振兴战略的背景下，乡村文化生活化建设是

3

实现农民群体"共同富裕"和"美好生活"目标的重要补充。开展新时代乡村文化生活化建设理论与实践的研究，具有以下两方面意义。

在理论方面，本书的可能性贡献在于从生活化视角阐释乡村文化建设，拓展了关于乡村文化建设的学术视界。历时性考察近代以来我国乡村文化建设生活化探索理论和实践方面的沿革与变迁，为新时代乡村文化建设的整体性生活化面向提供历史溯源与借鉴，并建构一种相对整体性的理论解释框架，把握乡村文化生活化建设的现实境遇，从而提出新时代乡村文化生活化建设的优化路径。乡村振兴包括产业振兴、人才振兴、文化振兴、生态振兴、组织振兴的全面振兴，这一战略的总体要求是产业兴旺、生态宜居、乡风文明、治理有效、生活富裕。笔者尝试丰富学界相关理论概念体系，提出"生活振兴"。

在现实方面，本书试图对新时代乡村文化生活化建设的总体图景进行描述。在生活化建设内容方面，聚焦乡村文化的生活空间规划、村庄生活伦理塑造，以及农民日常生活行为惯习的养成。在经验借鉴上，将中国近代以来乡村文化建设的生活化探索理论和实践方面的变化，以及世界各国在农村文化建设过程中取得的一些成功之处，作为新时代乡村文化生活化建设的良好范例。基于生活化建设逻辑，本书提出将政府主导转化为政府引导，发挥乡村多元共治作用激活乡村公共性；深度挖掘农民文化需求以优化乡村文化的生活空间建构；通过提升乡村教育，培育农民独立思考精神和自主发展意识，激活农民主体性以增强乡村文化建设力量；减少农民日常生活行为转变的不适应，引导新行为方式，构建新时代乡村文化生活化建设优化路径的基本谱系。

第二节 国内外研究现状

一、国内研究状况

学界当前主要围绕乡村文化建设本身及生活化维度的乡村文化建设展开集中讨论和探究，聚焦乡村文化建设的内涵、乡村文化变迁的外化表现、乡村文化建设面临的实践困境、乡村文化建设的优化路径，以及私人生活的变革、乡村文化生活化建设的内涵探讨、现实境遇和主要实现形式等方面。

（一）乡村文化建设的相关研究

1. 关于"乡村文化建设"内涵的研究

乡村文化的构建呼唤全社会对精神生活的共鸣，特别是引导人们摒弃"物质至上"的现代幻想。唯有"精神富裕高于物质享乐"的理念深入人心，农村文化才能以其独特的文化魅力走进现代文明的视野。❶乡村文化建设涵盖多个层面，从公共文化产品与服务的广泛提供到信息网络的全面构建，从资金保障体系的稳固确立到创新机制与评价体系的持续优化，每一环节紧密相连，共同推动乡村文化建设的蓬勃发展。❷目前，学术界对于乡村文化建构的内涵存在不同的理解。从广义的角度来看，乡村文化建设旨在打造一个全面覆盖、层次丰富、内容充实且具备鲜明主体的立体式乡村文化形态建设体系，其中涵盖了设施、内容、服务、产业等多个层面，通过公共文化服务系统和空间的搭建，激发和培养农民的主体文化意识。❸从狭义层面来看，乡村文化建设的核心在于精心打造一套健全完善的乡村公共文化服务体系，确立高效运转的体制机制。这一过程旨在夯实文化基础设施的根基，确保乡村民众能够享受到丰富多彩的精神滋养。通过持续不断的改革与创新，积极调动乡村群众参与村庄文化生活的积极性，同时提升他们的组织协调能力。一系列形式多元、内容丰富的文化活动有序开展，以满足乡村民众多样化的精神文化需求，让乡村文化焕发出蓬勃的生机与活力。❹乡村文化源自农民在田

---

❶ 李林，黄璐.精神生活共同富裕目标下乡村文化振兴政策研究——基于中央一号文件的内容分析 [J].西南民族大学学报（人文社会科学版），2023（5）.

❷ 刘凯文.马克思主义大众化视域下农村文化事业建设研究 [D].成都：电子科技大学，2016.

❸ 马永强，王正茂.农村文化建设的内涵和视域 [J].甘肃社会科学，2008（6）.

❹ 谭同学.村庄秩序、文化重建与现代化类型 [J].东岳论丛，2006（2）.

野间世代传承的生活智慧与伦理观念，是他们在社会实践中磨砺出的独特价值选择。乡村文化的构建，既得益于党和国家的正确引领，也离不开农民自身的积极投入与不断创新。乡村这一广袤的天地，构建了一种生活方式与价值标准，它既承载着深厚的历史记忆，又顺应着时代潮流的发展和变化。

2. 关于我国乡村文化变迁的考察

有的学者致力于探究乡村文化变迁的种种表现而开展了深入细致的研究工作。何兰萍认为，因长久以来对乡村民间文化的漠视，乡土社会中的大众文化行为与文化传统认同日渐淡薄，从而使乡土社会中厚重的历史文脉被切割开来，乡土传统文化的观念与认识模式也随之发生变化。❶ 周军和田克勤的研究深入剖析了乡村文化转型过程中的重要现象。在这一过程中，农民的文化价值观发生了显著而深刻的变化，特别是在改革开放以后表现得更为显著。价值主体逐渐从原先的熟人社会团体定位转变为更加关注个体的价值和地位，农民们开始重视自我实现和个人发展。农民的价值目标也从过去的等级和理想观念转向追求平等和真实，体现了农民对公正和平等社会的渴望。同时，农民的价值观念日趋理智，更加注重实际效益和长远发展。在价值导向上，优势价值与多元价值并存，农民在坚守传统文化的同时，积极接纳和融

---

❶ 何兰萍.关于重构农村公共文化生活空间的思考 [J].学习与实践，2007（11）.

合现代文化元素。这些变革不仅反映了农民对文化转型的积极适应，而且也预示着乡村文化未来的发展方向。❶鲁小亚与刘金海提出，自改革开放以来，农民的精神文化生活呈现了显著的解离化现象，这主要体现在观念与行为之间、信仰与观念之间及信仰与行为之间的疏离和分化。❷赵霞则观察到，改革开放后，农民的生活经历了翻天覆地的变化，在集体与个体之间，农民们逐渐从集体意识的束缚中挣脱，寻求个体意识的自由发展；在价值观方面，他们从传统以道义为导向的观念转变为以经济价值为驱动的新观念，这种转变揭示了社会的深层次变革。在传统与现代观念的交锋中，知足守旧的观念与现代创新竞争的观念激烈碰撞，展现了农民在时代潮流中的挣扎与追求。同时，宗族观念与法治理念的冲突也体现了农村社会的复杂性与进步性。在消费主义的浪潮下，一些传统观念逐渐淡化，反映出社会变迁中农民生活方式的转变。这些巨变共同构成了改革开放以来农民生活画卷的丰富色彩。❸于德运强调，改革开放以来，农村居民的人生观已向更高、更多元化的方向发展。消费理念从休闲转向追求效率；婚姻、家庭理念日益开明、民主；经营理念由以农业为基础，发展

---

❶ 周军，田克勤.中国农村现代化进程中农民文化价值观的变迁及其引导 [J].东北师大学报（哲学社会科学版），2013（3）.

❷ 鲁小亚，刘金海.乡村振兴视野下中国农民精神文化生活的变迁及未来治理——基于"社会结构－精神方式"分析路径 [J].农业经济问题，2019（3）.

❸ 赵霞.乡村文化的秩序转型与价值重建 [D].石家庄：河北师范大学，2012.

到农业与工业并重的商业模式；在时间观念上，注重效率和节奏；在金钱理念上，新型的"义""利"观逐渐形成；在民主法治理念上，农民学法用法意识逐渐增强。❶李树苗和王欢观察到，随着市场经济的蓬勃发展，以个人利益为核心的经济理性逐渐渗透到家庭的核心价值观中，导致传统的"义务"与"关怀"观念受到严重冲击。这一转变在农村地区尤为明显，房产纠纷、赡养纠纷等问题日益凸显，成为亟待解决的社会问题。❷

申鲁菁和陈荣卓敏锐地洞察到乡村公共伦理文化的深刻变迁。他们指出，随着现代社会的发展，伦理共同体意识在乡村中逐渐淡薄，这一转变不仅影响了乡村社会的道德风尚，而且导致村民们对自身伦理本性的觉悟逐渐降低。在这样的背景下，乡村公共伦理文化的建设面临前所未有的挑战，似乎陷入了工具理性与价值理性的错位之中。工具理性追求效率和利益最大化，价值理性则强调道德和伦理的价值取向。然而，在当前的乡村公共伦理文化建设中，两者往往未能得到有效平衡，导致乡村社会的道德根基动摇和伦理秩序混乱。为了应对这一挑战，申鲁菁和陈荣卓呼吁重视乡村公共伦理文化的重塑与提升。他们强调，应重新

❶ 于德运.我国农民文化心态的变化与现阶段农村文化建设的价值取向[J].社会科学战线，2003（3）.

❷ 李树苗，王欢.家庭变迁、家庭政策演进与中国家庭政策构建[J].人口与经济，2016（6）.

激发村民们的伦理共同体意识，加强道德教育和伦理引导，帮助村民们重新认识并坚守自身的伦理本性。❶改革开放以来，乡村社会环境与秩序经历了翻天覆地的变化，这种巨变对传统文化的传承与发展造成了深远的影响，导致了其集体性的失落。在这一过程中，村民们的价值观处于持续的动态转变之中，逐渐展现出更加复杂多样的面貌。这种转变不仅重新塑造了乡村社会的精神风貌，而且促使人们的信仰观念向着多元化的方向发展。

有的学者从乡村文化变迁的动因入手进行探讨。骆正林认为，改革开放后，国家权力的有限退出为乡村政治和文化的发展提供了空间，草根民主的蓬勃发展为其注入了新的活力，而家族势力的回光返照则在一定程度上影响了乡村政治和文化的走向。❷陈波深刻指出，自 20 世纪 90 年代起，我国乡村社会正经历着前所未有的变革。市场经济的深入发展，不仅推动了乡村经济的繁荣，也带来了社会结构的深刻调整。城镇化进程的加速推进，使乡村与城市的联系日益紧密，乡村社会的基础结构也在这一过程中发生了重大变化。同时，城乡人口流动的持续，使乡村社会的文化面貌更加多元。❸这些因素共同作用，致使乡村内生秩序的

---

❶ 申鲁菁，陈荣卓.现代乡村共同体与公共伦理文化诉求 [J].甘肃社会科学，2018（2）.

❷ 骆正林.中国乡村政治文化变迁的主要脉络——家族势力、国家权力、民间力量的相互盈缩 [J].探索，2008（6）.

❸ 陈波.二十年来中国农村文化变迁：表征、影响与思考——来自全国 25 省（市、区）118 村的调查 [J].中国软科学，2015（8）.

社会基础结构逐渐解体，从而成为推动乡村文化发生深刻变迁的关键所在。以上这些观点为我们深入了解和理解乡村文化变迁提供了有益的视角。

胡映兰认为，随着工业化文明的崛起，农耕文明逐渐被替代，这一转变导致本土文化在现代化进程中逐渐受到排斥。这一变化不仅打破了原有城市与农村之间的隔离体制，使农民的生活空间得以扩大，更为显著的是，农民"背井离乡"的现象日益普遍，乡村社会的这一变迁进一步加速了乡村文化的转型进程。❶胡映兰的观点为我们揭示了乡村文化变迁背后的深层次原因，也提醒我们在现代化进程中应更加重视乡村文化的保护与传承。周军对改革开放后农村文化转型的主要原因进行了深入剖析，他指出，市场经济的兴起，带来了外来文化的冲击。文化的异质性成为促进多种文化交流的关键，现代教育和媒体的普及成为农村文化演变的"助推器"。城市的魅力不断吸引着农村文化的变迁，而信息社会的到来，更是推动农村文化转型的根本力量。❷闫小斌等学者在深入探究农村公共文化服务供给的推动与需求导向的历程中，发现了显著的阶段性变化。他们指出，从改革开放至2005 年，农村公共文化服务的供给一直处于较为落后的状态。由

❶ 胡映兰.论乡土文化的变迁 [J]. 中国社会科学院研究生院学报，2013（6）.

❷ 周军.当代中国乡村文化变迁的因素分析及路径选择[J].中央民族大学学报（哲学社会科学版），2011（2）.

于缺乏系统性的体制保障，供给内容显得单一，数量也严重不足，更未形成明确的战略规划和顶层设计。这种状况在一定程度上制约了农村文化的发展，使农民群众的文化需求难以得到有效满足。然而，自2006年起，上述情况发生了显著变化。农村公共文化服务的供给被正式纳入国家体制保障，这一举措为农村文化的繁荣发展奠定了坚实基础。随着国家政策的倾斜和资金的不断投入，农村文化设施逐步迈向均等化与标准化的重建之路。这不仅提升了农村公共文化服务的水平，也极大地丰富了农民群众的精神文化生活，为乡村振兴注入了新的活力。[1]

在众多推动农村社会经济发展的要素中，农村社会政治生态的变迁显得尤为关键。回顾改革开放前的历史，农村文化的发展多由政府主导，这种变革带有明显的被动性。然而，自改革开放以来，农村社会发生了翻天覆地的变化。传统的以差序格局和道德观念为核心的乡村社会结构，已逐渐让位于以经济理性为核心的圈子模式。在这种新模式下，半熟人和利益网络成为推动农村生活模式转变的重要力量，深刻影响着农村社会的各个方面。这种变化不仅体现了农村社会的进步与发展，也为我们理解当代农村社会的复杂性和多样性提供了新的视角。20世纪90年代以后，伴随着改革开放、科技进步和市场化进

---

[1] 闫小斌，段小虎，荆皓．超越结构性失衡：农村公共文化服务供给驱动与需求引导的结合 [J]．图书馆论坛，2018（6）．

程的推进，农村社会原先的公共文化空间被不断分解，农村的社会文化转型逐渐趋于合理化。新时期，在新农村建设背景下，国家力量与农村社区力量之间的相互作用，为新农村建设提供了新的契机。

3. 关于制约乡村文化建设成因的分析

改革开放以来，经济发展为主导的理念逐渐深入人心，市场化成为新农村建设的一大特征。深入剖析制约乡村文化建设发展的原因，对新时代中国农村文化建设具有重要的启示意义。

一是基层管理体制性因素。吴理财和夏国锋强调，经济体制的倾向性是导致乡村公共文化生活衰落的重要体制性原因。同时，人才的匮乏和合作机制的不足，成为乡村文化建设中难以回避的社会性难题。丁成际敏锐地观察到，在乡村发展的浩渺长河中，基层干部往往将经济建设置于首位，在一定程度上忽视了文化建设的重要性。这种失衡的发展导向，使农民的精神文化需求如同被遗落在角落的珍珠，鲜少得到应有的关注和满足。❶ 刘凯文则进一步指出，乡镇文化站和农村文化室作为乡村文化建设的重要阵地，其管理问题日益凸显。管理员配备不足，导致许多工作无法得到有效开展。特别是乡镇文化站的专干尚未单独设岗，不能专注于本职工作，缺乏有效的交流与流动机制，这导致乡村

❶ 丁成际.当代乡村文化生活现状及建设 [J].毛泽东邓小平理论研究，2014（8）.

文化工作难以形成有效合力，无法取得实质性的进展和突破。陈洪博通过深入调研发现，众多乡村文化站的工作人员面临着巨大的工作压力。他们不仅承担着繁重的工作任务，而且待遇普遍不高，这使他们的工作积极性受到严重打击。同时，他们的职能定位相对模糊，缺乏明确的职责范围和工作目标；由于缺乏实际调研，工作开展往往与群众需求脱节，这无疑削弱了乡村文化站的服务效能，也影响了乡村文化建设的整体效果。❶

二是市场经济因素。经济一体化带来各种不同的文化和价值观的碰撞，这对我国传统农村文化形成了严峻的考验。❷贺雪峰指出，市场化的发展和农村劳动力的外流，对村庄的传统文化造成了严重的冲击，从而造成了村落集体意识的消解和村落生活的外向化。❸李永中认为，我国社会主义市场经济体制建立后，商品价值观通过农民工流动、城市化进程和网络、电视等媒介向农村传播。与此同时，青年纷纷离开农村，奔向城市，寻求富裕和自由，他们的土地、家庭和婚姻观念都发生了改变，都市化的生活模式也随之改变。❹吴锦程认为，自家庭联产承包责任制实施

---

❶ 陈洪博.关于深化文化体制改革的若干思考 [J].特区理论与实践，2002（12）.

❷ 谢治菊.转型期我国乡土文化的断裂与乡土教育的复兴 [J].福建师范大学学报（哲学社会科学版），2012（4）.

❸ 贺雪峰.新乡土中国：转型期乡村社会调查笔记 [M].桂林：广西师范大学出版社，2003.

❹ 李永中.重建乡村文化自信 [N].光明日报，2013-03-10.

以来，农民们的生活状态逐渐走向自由，然而这种自由也带来了一个不可忽视的问题，即他们接受思想道德教育的途径变得相对有限。这一现象导致了乡村道德生活的困境，亟须引起关注和思考。❶ 申端锋指出，地方信仰能够构建出全新的集体生活模式，诸如庙会、洞经会等丰富多彩的民间活动，巧妙地融合了传统价值伦理与村庄生活伦理，使两者相互渗透、相得益彰。

三是公共服务组织因素。陈柏峰强调，由于缺乏强大的组织性和结构性力量，难以在村庄内部筑起稳固的地方性规范之基。即使勉强建构，这些规范也会因执行力的不足而流于形式，无法发挥其应有的效能。在这种情境下，村民们逐渐丧失了应对传统仪式和人情场合的有效策略，结构性支持的缺失使他们在面对这些场合时显得无所适从。❷ 朱霞、周阳月、单卓然研究发现，乡村社会自治制度、经济自组织及社区监管等社会组织的纽带被打破，造成了乡村社区的解体和本土文化的丧失。❸ 赵霞强调，当前对农村群众进行的主流意识形态传播手段显得较为单一，其采用的宣教方式常带有一种居高临下的姿态，叙述内容则显得空洞

---

❶ 吴锦程，陈榕．试论学习型社会背景下农村社区教育模式的构建 [J].西北农林科技大学学报（社会科学版），2010（2）.

❷ 陈柏峰．农村仪式性人情的功能异化 [J].华中科技大学学报（社会科学版），2011（1）.

❸ 朱霞，周阳月，单卓然．中国乡村转型与复兴的策略及路径——基于乡村主体性视角 [J].城市发展研究，2015（8）.

且缺乏活力。同时，所设定的目标期待也较为抽象，缺乏具体性和针对性。这些因素共同导致与农村群众之间的精神距离逐渐拉大，难以形成有效的沟通与交流。❶何兰萍认为，在社会转型的关键阶段，农村地区原有的公共文化生活空间面临挤压。许多公共文化场地被遗弃或改作他用，公共文化服务缺失，农村丰富的文化资源得不到有效的开发和利用。这种状况直接导致了农村公共文化活动的匮乏，进一步削弱了乡村文化的活力和影响力。❷

4. 关于未来乡村文化建设的路径选择

学界对此进行了广泛而深入的探讨。学术研究的真正价值不仅在于不断拓展知识的边界，更在于为解答时代难题提供有力的智力支持。在乡村文化建设这一重要议题上，众多学者从不同的视角和维度出发，进行了卓有成效的研究。他们的研究成果不仅为我们回顾和审视改革开放以来乡村文化建设的发展历程提供了宝贵的学术资源，也为我们深入思考新时代乡村振兴背景下乡村文化建设的新实践、新挑战和新机遇提供了重要的学术视角，进而为我们探索乡村文化建设的路径提供了宝贵的启示和借鉴。

一是政府在乡村文化建设中的重要作用。由于历史渊源、

---

❶ 赵霞. 乡村文化的秩序转型与价值重建 [D]. 石家庄：河北师范大学，2012.

❷ 刘萍. 贫困地区农村文化建设研究 [J]. 学术探索，2017（12）.

文化积淀的深厚影响及市场经济体制尚不完善等多重因素的制约，单纯依赖市场和社会的力量来推动农村文化的发展，其成效往往显得较为有限。因此，在这一背景下，政府的积极参与和有效引导显得尤为重要，对于促进农村文化的繁荣与发展具有不可替代的作用。刘如珍认为，"三农"工作的重点在于完善农村公共文化产品的供给，提高农村公共文化的服务水平。要想让图书下乡和电影下乡可持续发展，就必须在国家的支持下，加强农村休闲公共文化的建设，同时构建起一种长期的文化下乡制度，让农村居民享有丰富的精神生活。为了更有效地提升政府在乡村文化建设中的作用，深化乡村文化管理体制的改革已成为刻不容缓的任务。❶ 通过不断优化现有的管理体制，整合各类文化资源，可以为乡村文化建设提供更为坚实的支撑，从而显著提高其整体发展水平。具体而言，需要将乡村文化建设的重点向基层转移，实现从以乡镇为主导向以行政村为主导管理模式的转变。在村庄内部，需要积极挖掘和利用现有的文化资源，如"村村通"广播系统和废弃的校舍等，使它们发挥出应有的价值。在乡村振兴的时代背景下，吴理财和解胜利共同提出了构建乡村文化发展系统的设想。这一系统涵盖多个关键领域的构建与完善，包括对乡村公共文化服务系统的优化升级，

---

❶ 刘如珍. 当代农村公共文化产品供给新策略研究——以福建省农村为例 [J]. 福建论坛（人文社会科学版），2009（9）.

以确保村民能够享受到更加丰富多样的文化服务；对乡村现代文化传承体系的完善，以保护和传承乡村文化的独特魅力；对乡村现代文化产业体系的构建，以推动乡村文化产业的创新发展；对乡村现代文化治理体系的改革，以提升乡村文化治理的效能和水平。❶徐勇从文化供给的角度出发，深入剖析了推动乡村文化复兴的关键途径。他着重指出，实现乡村文化复兴，必须注重供给主体多元化与主导性的有机结合，确保供给内容的丰富性与多层次性，追求供给模式的广泛认同，并致力于构建可持续且高效的供给机制。❷这些方面共同构成了乡村文化复兴不可或缺的重要支撑。

二是乡村文化建设的主体构建。赵霞强调，农村的公共文化工作必须充分重视农民的主体性，确保他们在文化建设中发挥积极作用。让他们自己去说话和做自己的事情，鼓励他们积极参与和自我管理，这样才能将他们内心的改革动力和创造力都调动起来。❸赵霞和杨筱柏的调查结果表明，乡村文化要得到发展，必须改变以政府为主导的思维方式，要让农民在文化建设中的主体作用得到充分的重视，这样才能更好地发挥农民的主观能动性，

❶ 吴理财，解胜利.文化治理视角下的乡村文化振兴：价值耦合与体系建构 [J].华中农业大学学报（社会科学版），2019（1）.

❷ 徐勇.乡村文化振兴与文化供给侧改革 [J].东南学术，2018（5）.

❸ 赵霞.乡村文化的秩序转型与价值重建 [D].石家庄：河北师范大学，2012.

让他们的文化价值获得提升，从而提升他们的主体文化认同感。❶
陈明指出，农村文明的建立，核心在于加强对农村居民国民素质
的培养。这需要深入营造良好的民意、民德和民风，使农村居民
的权益意识和主体意识得到真正的唤醒。❷与此同时，王慧娟也
强调了农村文化建设中的几个关键点。她认为，树立科学的意识
和批判精神是农村文化建设的重要基石，而资金和基础设施的支
持则是实现这一目标的必要条件。只有在这些方面得到充分的保
障，农村居民才能在认识和行动上达到统一，进而为他们的文化
主体意识提供源源不断的发展动力，推动农村文化的持续繁荣。❸

　　三是乡村文化建设应重点汲取优秀传统文化的精髓。刘荣认
为，家庭文化作为当今农村社会的一种关键形态，其优良成分的
弘扬对于农村家庭文化的构建具有深远意义。因此，我们应当充
分重视并深入挖掘家庭文化中的优秀元素，并以此为乡村文化建
设注入新的活力与内涵。❹吴理财和张良认为，在制定相关的宗
教政策时，要保证其正当性，维护其内部的社会生态，并能适应

---

❶ 赵霞，杨筱柏. 当代中国乡村文化认同的理论外延与路径依赖 [J]. 河北师范大学学
　报（哲学社会科学版），2013（5）.

❷ 陈明. 论农民公民意识教育对新农村文化建设的贡献 [J]. 探索，2010（2）.

❸ 王慧娟. 农民文化主体意识与农村文化建设基点 [J]. 甘肃社会科学，2017（6）.

❹ 刘荣. 和谐社会建设中的农村家族文化及其功能——基于陇东农村的调查 [J]. 西北
　民族大学学报（哲学社会科学版），2008（2）.

社会大众多元的信仰要求。[1] 钱理群剖析了乡村社会体制的逻辑与民间生活伦理之间的微妙关系，指出前者在后者的潜流中常遭遇顽强的抵抗。这种民间乡村文化虽深藏不露，不易被外界轻易察觉，却拥有无比坚韧的生命力，在乡村社会中发挥着不可忽视的作用。历史的巨轮最终将回归乡村大多数人的生活逻辑，揭示这份底蕴深厚的文化价值。[2]

四是乡村文化建设中的载体选择。其一，关于乡村文化产业的开发。沈成宏提出将零散的文化产品和产业进行有效整合的思路。他主张通过打造文化品牌，形成产业发展的竞争优势，进而实现文化与农业产业的深度融合，推动文化休闲农业的发展。这种理念旨在通过文化产业的力量，为乡村文化建设提供有力支撑，促进乡村社会的全面进步。[3] 张军认为，农村文化发展应通过培养农村文化市场来指导农民树立正确的文化消费理念。[4] 其二，关于乡村公共文化空间的构建。王旭东与朱立芸两位学者提出了独到的见解，他们认为，为了丰富乡村文化内涵、提升农民科技素养，应强化农业科技图书的专项规划，积极推广相关图书

---

[1] 吴理财，张良. 农民的精神信仰：缺失抑或转化？——对农村基督教文化盛行的反思 [J]. 人文杂志，2010（2）.

[2] 钱理群. 乡村文化、教育重建是我们自己的问题 [J]. 教育观察，2013（5）.

[3] 沈成宏. 关于发展农村文化产业的探索 [J]. 唯实，2006（10）.

[4] 张军. 农村文化发展与新农村建设 [J]. 学习与探索，2007（1）.

资源，致力于培养具备科技知识的农业人才。同时，他们还建议拓展农村图书的分销网络，确保图书资源能够覆盖更广泛的乡村地区，并通过实行科学的管理，确保乡村公共文化空间的有效运行与持续发展。❶刘如珍强调，盲目模仿城市文化建设模式，如建设艺术馆、图书馆等，在乡村环境下不仅难以达到预期效果，而且还可能显得格格不入。她指出，当前乡村文化建设的重心应放在乡镇文化站、村级文化俱乐部及村级公共文化活动广场的建设上。它们对于丰富村民的精神文化生活、推动乡村文化振兴具有无可替代的重要作用。通过这样的举措，乡村文化将焕发出独特的魅力，与村民的生活紧密相连，共同推动乡村文化的繁荣发展。❷申端锋认为，乡土重建之基石在于伦理之重塑。国家治理当以宏观制度之构建与微观权力之调控为手段，规范并引导民众私域生活；同时，亦需致力于乡村集体生活复兴。简言之，既要借助国家权力与社会政策深度介入私域，又要以集体生活重塑为载体，塑造出富有伦理内涵的乡村生活图景。❸其三，关于乡土教育资源的利用。谢治菊认为，必须有一支乡村教育队伍，把地

---

❶ 王旭东，朱立芸. "有屋没书"与"有书没人"现象的剖析——兼论"农家书屋"建设产业链中的出版发行体系的创新 [J].甘肃社会科学，2009（5）.

❷ 刘如珍. 当代农村公共文化产品供给新策略研究——以福建省农村为例 [J].福建论坛（人文社会科学版），2009（9）.

❸ 申端锋. 走出与回归：对当前农村研究的几点评论 [J].社会科学战线，2007（2）.

方文化的传承大旗高高举起。[1] 何兰萍等建议，乡村中学在规划课程时，应当巧妙地融入丰富多样的地方性民间民俗文化教育元素，旨在引导学生深入理解和热爱传统与地方文化，进而培养他们对本土文化的自豪感和认同感。在传统乡村社会中，乡村精英通常扮演着重要角色，他们负责组织民间文化活动、传承教导文化及指引伦理道德，为乡村社会的和谐发展贡献力量。[2]

五是乡村文化建设是一项极为复杂且系统的工程，需采取综合施策的方式予以推进。鉴于乡村文化展现出的复杂系统特性，我们在实践中必须摒弃单一的思维范式，转而以整体性和系统性的视角进行全面考量，确保各项措施能够相互协调、相互促进，共同推动乡村文化的繁荣发展。徐学庆以河南乡村为具体切入点，剖析农村文化发展中所面临的种种问题，并提出一系列富有针对性的综合施策建议。他主张构建农村文化服务的多元化投资机制，并强调乡村文化人才的培养与引进，认为这是推动文化繁荣的重要人才支撑。为了实现这些目标，徐学庆还提出建立现代乡村文化服务系统创新农村文化治理制度。他认为，这些举措将有助于实现"以城带乡"联动发展的新机制，从而改善农村文化

---

[1] 谢治菊. 转型期我国乡土文化的断裂与乡土教育的复兴 [J]. 福建师范大学学报（哲学社会科学版），2012（4）.

[2] 何兰萍，殷红春，杨勇. 乡村精英与乡村文化的建设 [J]. 天津大学学报（社会科学版），2009（6）.

发展的生态环境。❶李晓明从多个角度深入探讨了农村文化发展的途径。他首先强调了城乡文化协调发展的重要性，认为这是推动农村文化进步的关键一环。其次，他提出加快农村教育改革，认为这是提升农村文化素养、促进文化创新的有效途径。此外，他还明晰了乡风文明对农村生活的价值取向，认为乡风文明是农村文化发展的重要组成部分，能够引领农村社会的健康发展。❷陈波认为，乡村文化变迁的动态平衡，离不开对国家与市场、民间社会之间和谐关系的构建。此外，城乡间的互补与融合、经济与文化的相互促进、传统与现代的和谐共存也是实现这一平衡不可或缺的关键要素。❸乡村文化建设的顺利推进并非仅依赖某个单一因素，而是需要集结多方面的力量共同参与，这样才能取得更为显著的成效。

（二）生活化维度的乡村文化建设研究

关于生活化维度的乡村文化建设研究尚处于起步阶段，多以期刊、报纸和硕（博）士论文的形式呈现。

一是关于农民私人生活变革的研究。通过对一个村庄家庭、

---

❶ 徐学庆.补齐河南农村文化发展短板的对策建议 [J]. 人民论坛，2017（6）.

❷ 李晓明.重塑乡村生活意义与乡土文化价值 [J]. 长白学刊，2012（4）.

❸ 陈波.二十年来中国农村文化变迁：表征、影响与思考——来自全国 25 省（市、区）118 村的调查 [J]. 中国软科学，2015（8）.

爱情、婚姻等亲密关系和日常生活的考察，阎云翔敏锐地洞察到农民私人生活的演变轨迹，这些变迁体现了中国式个体化的特征。与传统集体主义逻辑和道德规范不同，改革开放以来，农民的私人生活世界发生了显著变革。家庭权力逐渐由传统的"父子轴"转向"夫妻轴"，个人权利得到显著提升，父权地位逐渐衰落。然而，在这一变革过程中，过分强调个体利益，对公共道德造成了侵蚀。❶同时，家庭也逐渐走向私人化。因家庭伦理观念的淡化与村庄公共性的削弱，个体伦理逐渐崭露头角，农村离婚现象增多，使农民的家庭生活世界陷入失序。当然，在中国社会中，私人生活并非一个完全孤立于公共生活的私域，私人生活要受到公共生活的干预和引导。在此意义上，在私人生活的流动与变革中，需要改造的不仅是个体的"人心"，还要重塑家庭和熟人社会对个体的意义和价值。❷

二是关于乡村文化生活化的内涵，学界普遍持有相似的见解。生活化理念被视为与人们的日常生活实践紧密相连的核心理念。实际上，深入探究中国传统社会治理思想，我们不难发现其中蕴含着丰富的生活化理念。对这一内涵的探讨，对于我们理解

---

❶ 阎云翔.私人生活的变革：一个中国村庄里的爱情、家庭与亲密关系（1949—1999）[M].龚小夏，译.上海：上海人民出版社，2017.

❷ 李永萍.断裂的公共性：私人生活变革与农民失序——基于东北 G 村离婚现象的分析 [J].华中农业大学学报（社会科学版），2019（4）.

乡村文化及其发展具有重要意义。乡村振兴战略实施后,农村社会的管理日益精细,逐渐深入日常生活的每个角落。这一变化不仅体现了国家对农村发展的重视,也反映了农村基层社会治理水平的提升。潘维指出,在农村文化建构中,最重要的是要妥善处理民众生活中的各种琐事,重建民众对正义与伦理的信任。[1] 赵孟营认为,"国家管理"的产生源于对现实生活的迫切需要,而其具体的管理方式则取决于人民群众的现实生存实践。[2] 熊万胜提出,要面向差异化的个体进行管理,这样的管理既要尊重民众的生活,又要主动地改变民众的生活,这样政府就可以对基层进行有效的管理。[3] 中国农村的文化建构实质上就是对民众日常生活进行管理,而公民生活的建构则是以个人的生活为中心的。王山珊等指出,近年来国家在农村社会的文化建设方面展现出了前所未有的细致入微,逐步深入农民生活的私人领域。为了达到这一目标,我们必须致力于改变农民的日常行为习惯,并重新塑造他们的思想观念。这样的努力不仅是对农民精神生活的丰富和提升,更是对农村文化根基的稳固与强化。[4] 因此,乡村振兴的本

---

[1] 潘维.当前"国家治理"的核心任务 [J].人民论坛,2014(13).

[2] 赵孟营.社会治理现代化:从政治叙事转向生活实践 [J].社会科学文摘,2016(9).

[3] 熊万胜.社会治理,还是生活治理?——审思当代中国的基层治理 [J].文化纵横,2018(1).

[4] 王山珊,张世勇.乡村振兴视域下农村的生活治理与治理转型——以关中Y村环境整治为例 [J].新西部,2020(10).

质并非单纯着眼于农村社会建设，而是更倾向于对农民生活方式的深刻改造。

关于生活化建设，我们可以这样理解：在乡村振兴战略的引领下，国家积极出台并落实多项政策，致力于革新农村社会中广大农民的生活习惯，转变其思想观念，从而推动农村社会的全面进步，为农民创造更加美好的生活。这一过程具有针对性，旨在引导不同背景的农民实现有序生活，进而形成一项富有成效的治理实践。陈靖等巧妙地以"生活化建设"这一称谓概括了在基层社区中那些以提升人民"美好生活"质量为目标的多元化治理策略，展现了其深厚的智慧与洞见。❶

三是乡村文化生活化建设的现实境遇。尽管生活化建设已是大势所趋，但在其推进过程中依然存在相关问题。李全鹏认为，一些乡村干部和普通农民对社会发展的概念和规划没有明确的认识，甚至将经济发展等同于社会发展，缺乏解决民生问题的动机，公众的兴趣集中于短期的收益和家族的自我。❷ 伊庆山指出，在我国乡村推进垃圾分类的进程中，面临着诸多挑战，其中包括农民公共意识的欠缺、对资金的过度依赖及缺乏对先进科技的适

---

❶ 陈靖，刘明. 上楼之后："涉农社区"的生活秩序及其治理探索 [J]. 中国行政管理，2020（11）.

❷ 李全鹏. 中国农村生活垃圾问题的生成机制与治理研究 [J]. 中国农业大学学报（社会科学版），2017（2）.

应能力等问题。这些问题制约了垃圾分类工作的有效推进，需要引起我们的高度重视并寻求相应的解决策略。❶ 当今社会展现出前所未有的高度开放、流动性强与分化明显的特点，这些特点促使社会联结日益紧密，形成了更加复杂的社会关系网络，同时也伴随着无序状态。❷ 在乡村治理实践中，"以政府为中心"的治理模式正遭遇多重挑战，如合法性基础的动摇、治理效率低下及高昂的治理花费等问题❸，这些问题亟待解决，以优化乡村治理效果。生活化建设的实践困境复杂且多面，具体可以概括为以下两点。其一，公共性缺失是一个显著问题，这导致农民在治理过程中往往处于被动地位，未能充分发挥其作为治理主体的作用。其二，传统文化和惯习对生活化建设的推进构成了一定阻力，这些固有的文化因素往往与现代化治理理念相冲突，使改革难以深入推进。

四是关于乡村文化生活化建设的主要实现形式，学者们普遍从多元共治的角度展开深入探讨。他们强调，在推进生活化建设的过程中，应注重治理主体的多元化与角色分工的合理性。政府作为推动社会进步的关键角色，应当充分尊重并遵循生活实践的

❶ 伊庆山. 乡村振兴战略背景下农村生活垃圾分类治理问题研究——基于 S 省试点实践调查 [J]. 云南社会科学, 2019（3）.

❷ 冯仕政. 社会治理与公共生活：从连结到团结人 [J]. 社会学研究, 2021（1）.

❸ 黄丽芬. 农村生活治理的困境和优化路径——基于对赣州、平谷两地的村庄调研 [J]. 湖北行政学院学报, 2021（2）.

内在规律，致力于重新塑造公众的公共生活，使社会成员更加积极地参与到公共事务中。同时，政府还应灵活运用非正式治理手段，以更加贴近民众现实需求的方式推进乡村文化生活化建设，确保各项措施能够真正落地生根，取得实效。在熊万胜看来，推进生活化建设的核心在于深深恪守生活实践的规律，即深刻理解和珍视群众生活的丰富多彩与独特魅力。他强调，我们必须尊重基层组织的智慧与力量，从日常生活中汲取养分，只有实现生活化的管理与管理的生活化的紧密结合，才能切实满足人们对于"美好生活"的向往与追求。❶ 如果个体自我意识因社会发展而过度强化，这对日常生活建构的正常进行是不利的。利用互惠关系和信任等手段，有效地消除短期自私行为，人类才能取得"优于理性"的效果。申鲁菁和陈荣卓两位学者指出，乡村公共伦理文化建设的核心价值不仅体现在促进乡村硬件建设的进步上，更在于它能够唤起人们内心深处对乡村民众个体生活发展的深切关怀。这种文化建设与发展，有助于将人们的注意力从狭隘的私人情感藩篱中解放出来，引领他们迈向更加宽广的公共性与普适性的精神天地。通过此种转变，我们能够更加全面地推动乡村社会的和谐与发展。❷ 韩鹏云提出，强化农村人居环境的营造，培养

❶ 熊万胜. 社会治理，还是生活治理？——审思当代中国的基层治理 [J]. 文化纵横，2018（1）.

❷ 申鲁菁，陈荣卓. 现代乡村共同体与公共伦理文化诉求 [J]. 甘肃社会科学，2018（2）.

和提高农村人居环境中的社会资本，有利于形成农村社区的向心力和凝聚力。从农民的价值观角度看，农民们在集体行动中得到了人生的快乐和心灵的依靠，他们在公众的社会关系网和交往中确立了新的价值观。❶潘维呼吁广大民众积极组织起来，共同构建一个扁平化的组织结构，这样的结构更有利于信息的快速流通和决策的迅速执行。同时，他强调了确立政治路线的重要性，认为这是重新凝聚人民力量的关键所在。希望通过借助民间社会组织的支持，实现自然社区的可持续发展，让每一个农村社区都成为充满活力和希望的所在。❷

二、国外研究状况

国外学界针对乡村文化建设的研究成果比较有限，更多是对与乡村主题相关的内容进行间接探讨。经过整理，这些探讨主要聚焦于以下三个方面。

一是乡村传统习俗文化的复兴引起了广泛关注。李怀印对秦村的深入研究揭示了改革开放以来农村风俗的复苏轨迹。自 1980 年起，那些曾在集体化时期遭受压制的传统社会风俗在村民的日

---

❶ 韩鹏云 . 中国乡村文化的衰变与应对 [J]. 湖南农业大学学报（社会科学版），2016（1）.

❷ 潘维 . 当前"国家治理"的核心任务 [J]. 人民论坛，2014（13）.

常生活中悄然回归，焕发着新的生机与活力。随着家庭联产承包责任制的实施，血缘关系在村民的生活中再次占据重要地位。无论是插秧还是收割，人们开始重新珍视并采纳那些传统的合作模式。此外，传统节庆和婚丧习俗也开始复兴，其中农历新年作为中华民族最为隆重的传统节日，受到村民们的高度重视。这种回归不仅体现了村民对传统文化的尊重，也展示了乡村社会的凝聚力和向心力。❶ 王斯福注意到，农村庙会的复苏，已然成为一场精彩的"户外盛宴"。其中汇聚了众多才艺出众的表演者，他们各显神通，为观众带来了前所未有的视觉和精神享受。而在这些表演者之外，更有一系列精英文化活动的精彩呈现，如书法表演等，它们如同庙会中一颗颗璀璨的明珠，熠熠生辉。此外，在庙会的醮棚中，妇女们则虔诚地诵经祈福，为庙会增添了一份庄重和神圣的氛围。❷ 景军在大川和小川的实证研究中发现，孔氏祭祀有许多重大的转变，其中最为显著的一点，就是建立了宗祠的祭祀仪式，使宗族间的祭祀活动转变为地方的民间习俗。❸

---

❶ 李怀印. 乡村中国纪事——集体化和改革的微观历程 [M]. 包蕾，译. 北京：法律出版社，2010.

❷ 王斯福. 帝国的隐喻：中国民间宗教 [M]. 赵旭东，孙美娟，译. 南京：凤凰出版传媒集团、江苏人民出版社，2008.

❸ 景军. 神堂记忆——一个中国乡村的历史、权力与道德 [M]. 吴飞，译. 福州：海峡出版发行集团、福建教育出版社，2014.

二是关于乡村民众价值观变化的分析。改革开放以来，我国乡村社会经历了前所未有的变革，其中乡村民众的思想观念与价值选择也发生了显著变化。这种变化并非一蹴而就，而是受到了经济、社会、文化等多个方面的深刻影响。以市场化改革为导向的发展模式，推动乡村经济活动从集体化生产向个体市场化竞争转型。在"效率优先"的资源配置逻辑下，乡村民众的价值取向逐渐向经济理性倾斜。这种价值观的转变，在一定程度上影响了他们的生活方式和行为选择。伴随着社会生活水平的提高，都市文明对农民价值观的形成产生了重要影响。李怀印的研究揭示了这样一个现象：随着农业机械化程度的不断提升及家务劳动的大幅减少，农闲时节的村民们拥有了充裕的闲暇时光。他们频繁相聚，轻松地交谈，享受片刻的欢愉。夜幕低垂，晚餐过后，村民们又常常围坐在电视机前，或是观赏 VCD 电影，体验不同的视觉盛宴。更有一些人热衷于卡拉 OK，他们认为这才是真正符合"文明"潮流的休闲方式。❶随着观念的不断变迁，乡村的青年群体相较于他们的父辈在工作、生活和社交等多个方面，展现出了崭新的风貌。他们怀揣着更为开放和进取的心态，勇于追求个人梦想和价值实现。然而，这种快速的变革也对乡村文化中那些弥足珍贵的价值观念形成了严峻挑战。在现代化浪潮的冲击下，如

---

❶ 李怀印. 乡村中国纪事——集体化和改革的微观历程 [M]. 包蕾，译. 北京：法律出版社，2010.

何在变革中坚守并弘扬乡村文化的精髓，成为值得我们思考的一道难题。

三是关于乡村现代教育发展的思考。教育是塑造人类文化素养的关键要素。随着农村市场经济的日益繁荣，对于具备现代化技术和管理能力的新型农村劳动力需求愈发迫切。然而，改革开放初期，乡村现代教育的发展并未与改革开放的步伐完全一致，两者间存在着一定程度的张力与不协调。朱爱岚指出，槐里村村民的文化程度普遍不高。那些支撑槐里专业化企业发展的行业和技能，无一不要求人们具备基本的读写能力，甚至需要他们通过阅读各类出版物，为乡村企业的繁荣发展出谋划策。❶

此外，在理论研究的层面，雷德菲尔德巧妙地揭示了乡村社会中大传统与小传统之间复杂而微妙的互动关系 ❷，使我们更加深刻地理解乡村文化的多样性和包容性。孟德拉斯在《农民的终结》一书中深入剖析了农民文化在现代社会变迁中的转变与影响。费正清在《中国：传统与变迁》一书中更是对中国文化的传统与变迁进行了深入剖析，为我们理解中国文化在国家建设中的核心地位提供了宝贵的参考。他们各自站在不同的学科角度，却

---

❶ 朱爱岚. 中国北方村落的社会性别与权力 [M]. 胡玉坤，译. 南京：江苏人民出版社，2004.

❷ 雷德菲尔德. 农民社会与文化：人类学对文明的一种诠释 [M]. 王莹，译. 北京：中国社会科学出版社，2013.

都指向了一个共同的认知：乡村文化是推动社会进步、国家发展的不竭动力。莱昂·狄骥则从另一维度切入，探讨了"公共服务"的深刻内涵。他认为，任何需要持续性组织协调且关乎全体成员根本生存条件的社会活动，一旦被政府以制度化手段纳入强制保障体系，便转化为具有公共义务属性的特殊领域。这种转化并非源于权力的单向支配，而是基于社会成员对公共风险不可分割性的共同认知，政府通过法律规范、财政支持等协同构成的复合机制，将分散的个体需求升华为具有普遍约束力的公共秩序。在此过程中，公共服务的本质既体现为国家对公共福祉的技术性承诺（如维持基础设施稳定等），更在于其通过刚性制度消解私利冲突、确保基本生存条件的平等供给。从需求识别到资源调配再到效能监督的全链条介入，本质上构建了一种超越契约关系的国家担保模式，展现了公共服务活动与其他形式社会活动的根本区别，也是其核心价值所在。❶萨缪尔森和诺德豪斯对"公共服务"的概念进行了进一步的研究，他们指出，当一种商品通过市场供应时，它就是一种私人商品，而当一种商品被社区和联邦政府所供应时，它就是一种公共商品。❷

---

❶ 狄骥.公法的变迁：法律与国家 [M].郑戈，译.沈阳：春风文艺出版社，1999.

❷ 萨缪尔森，诺德豪斯.经济学 [M].萧琛，译.北京：华夏出版社，1999.

三、对已有研究成果的评析

综上，学术界围绕乡村文化建设所进行的相关研究已经取得了一定的成绩，为进一步深入细致地研究乡村文化生活化建设提供了较为丰富的思想资源。然而，总的来看，新时代乡村文化生活化建设的研究尚处于起步阶段，已有的研究多以期刊论文形式呈现，系统地探讨乡村文化生活化建设的专著较少，在广度与深度上都亟待提高。

通过梳理可以看出，当前学者们的关注点主要集中于以下三个方面。

一是聚焦于乡村文化建设的内涵界定、行动逻辑、实践挑战及优化路径方面。关于乡村文化生活化建设的研究相对不多，多见于对具体事件的分析，比如对人居环境整治中基层政府生活化面向的行动逻辑探讨，虽然涉及乡村文化生活化建设的基本要素，但对生活化面向的整体性行动研究尚不丰富。

二是关于乡村文化生活化建设的理论溯源方面。中西方传统哲学思想、西方法兰克福学派、经典社会学相关理论和中国共产党在不同历史时期对乡村文化建设的生活化探索方针政策与实践路线等，都是新时代乡村文化生活化建设的重要理论源泉。尤其是中国共产党在乡村文化建设生活化探索方面，于不同历史阶段所呈现的理论与实践变迁，尚存在广阔的研究空间，值得进一步深入探索。

三是学者们一致认为，乡村文化建设不能依靠政府单主体主导治理，应该转变为引导多元主体共同发力。然而，对于如何以村庄日常生活为导向，将制度层面的设计与农民群体真实的生活需求进行衔接，构建乡村文化生活化建设常态机制，激发农民群体自发自觉参与乡村建设的热情，尚未有深入的研究。

因此，乡村文化生活化建设的理论研究还有待进一步强化。

其一，加强对日常生活的理论研究与意义研究。系统梳理西方哲学思想家、西方马克思主义及社会学家的相关思想，整合相关思想资源，探究新时代背景下中国乡村日常生活的独特意义，为构建乡村文化生活化建设分析框架奠定思想基础。

其二，深化对乡村文化生活化建设的实践挑战与常态化机制构建的研究。当前研究多见于对具体事件的分析，乡村文化生活化建设的优化路径偏重对单个维度进行阐释研究。乡村文化生活化建设关涉多个领域，需结合实地调研，全方位进行有关乡村文化建设的整体性生活面向常态机制的研究，为合理构建美好生活的评价指标提供智力支持。

第三节　研究思路和研究方法

一、研究思路

本书共分为六章内容，整体呈现"理论建构—实证应用—优化策略"的研究思路。首先，界定"乡村文化""生活化""乡村文化的生活化建设"相关概念、内涵，反思日常生活理论、内源发展理论，尝试构建新时代乡村文化生活化建设分析框架。其次，对近代中国至新时代中国共产党乡村文化建设进程中关于村庄生活改造或改革的探索展开历时性分析。再次，以安徽省 M 村为例，从乡村文化的生活空间规划、村庄生活伦理塑造和农民日常行为惯习养成三个层面审视当前乡村文化生活化建设的成果及实践困境。最后，提出新时代乡村文化生活化建设整体性优化路径。

二、研究方法

本书采用了多种研究方法，主要有文献法、案例法及访谈法。

（一）文献法

笔者从中国知网（CNKI）、Springer Link 数据库里下载关于乡村文化建设、乡村现代化及乡村建设的相关文献；阅读以生活世界、现代性、日常生活、乡村文化建设为主题的相关著作；分析有关乡村建设、乡村文化建设的政策方针和领导人重要讲话；在田野点获取相关台账、会议记录和村志等资料。搜集到大量基础资料之后，笔者对文献资料进行系统归类与分析汇总，初步掌握近代以来中国乡村文化建设的发展脉络、国内外乡村文化建设的研究现状，从而确定研究的基本指向和核心问题，为研究的开展打下了理论基础。

（二）案例法

笔者于 2023 年在安徽皖北、皖中、皖南地区进行田野驻点调研，在调研过程中发现皖中 M 村在乡村文化生活化建设方面的工作具有一定的独特性，因此采取案例研究法对 M 村的乡村文化生活化建设展开深入研究。

笔者在安徽多村驻点调研的基础上，以安徽省 M 村乡村文化建设生活化内容为研究对象，审视 M 村在乡村文化的生活空间规划层面、村庄生活伦理塑造层面、农民日常行为惯习养成层面的具体内容及其内在逻辑。

（三）访谈法

访谈法广泛应用于实地调研中，本书原始数据主要采用访谈法获取，包括深度个案访谈、焦点小组访谈、参与观察，辅以问卷调查。笔者与受访者面对面交流，全程都是信息收集的过程，受访者的表情与其下意识的动作更容易表达其真实的想法和意图，而不是经过深思熟虑后给出的"完美答案"。同时，围绕一个核心问题的扩散和延伸，能够更加完整地了解事件的前因后果和完整过程，更有利于笔者田野资料的丰富完善。笔者的田野调查时间为 2023 年 4—11 月，历时 7 个月左右。2023 年 4—5 月，笔者第一次进入 M 村，了解了 M 村的基本情况；2023 年 6—9 月笔者再次到 M 村进行访谈，与 M 村的创客、妇女志愿者队的成员及参与村里建设的村民与相关组织成员进行交流。与此同时，2023 年 6—10 月，笔者在安徽皖北 C 村和皖南 J 村，总共走访调查了 10 余次，意在有所对比。随着笔者田野调查的深入，经过多次的田野工作，最终回答了研究设计中所包含的研究议题。

第四节　田野点介绍

一、村情简介

M 村位于安徽省杨庙镇中部偏西，社区居委会距镇政府南

3000 米处。江淮丘陵地貌，水利设施欠发达，村内水泥道路覆盖面广，公路交通便捷。当前辖区内有 12 个村民小组，共计 418 家农户，人口 1801 人。从 1965 年至今，M 村先后经历了 9 任村党支部书记、7 任村民委员会主任。2021 年，在杨庙镇党委、镇政府的领导下，M 村顺利完成了换届选举。截至 2024 年年底，共有基层党组织 7 个，其中党委 1 个，党委委员 5 人；下辖党支部 3 个，另有独立党支部 3 个；党员总数 62 人。

M 村党支部在推动群众性文化活动方面，展现出了扎实的工作态度和积极的创新精神。为了建立健全农村公共文化服务体系，他们精心策划并广泛开展了各类深受群众喜爱的文体活动，不仅丰富了村民的精神文化生活，而且还增强了村庄的凝聚力。村党支部积极宣传科学知识，倡导科学文明的日常生活行为。在农村开展移风易俗活动，旨在破除封建迷信，抵制各类不良风气和陈规陋习。通过深化文明村镇、文明家庭的创建工作，M 村的社会风气得到了显著改善，村民的素质也得到了有效提升。在文化建设的过程中，M 村党支部注重挖掘和培育地方特色文化。村党支部引导各方乡贤支持家乡建设，培育富有地方特色和时代精神的新乡贤文化，为 M 村的文化发展注入新的活力。此外，村党支部还以党的组织建设为依托，充分调动农民的积极性、主动性和创造性。引导农民发展集体经济，兴办文化事业和特色文化产业，充分发挥地方文化优势，实现了共同富裕的目标。在这一过程中，贫困群众受益良多，增收达到了 60 万元。

M 村耕地面积较大，约 2156 亩，以经营种植业为主。改革开放的初期，M 村内在发展动力不足，劳动力大规模外流，集体经济基础薄弱，由此引发了村里老人养老难、教育资源相对不足等一系列社会问题。2014 年年底，由县委牵头，M 村志愿者、扶贫工作小组、创客共同参与的"M 计划"正式启动。"M 计划"以本地的乡村资源为依托，以发展乡村旅游业为基点，反向带动一、二、三产业的发展。村社区深入挖掘村庄、田野与乡村文化的独特魅力，将其作为旅游的主打产品，精心打造出一系列农事体验活动。根据不同节气的变化，村民们开展植树、插秧、割稻等富有农耕特色的主题活动，让游客们亲身感受乡村的田园风光与劳作的乐趣。同时，社区还积极鼓励蔬果种植、禽类养殖、山羊放牧和水产养殖等产业的持续发展。为进一步推动乡村创新创业，村社区创立了乡创学堂，成立了安徽 M 村合作社，这些机构为村里的创客提供空间设计、销售推广、技能培训等全方位支持，帮助村民们实现创业梦想。如今，M 村旅游产业已初具规模，拥有上千亩的乡村综合体，涵盖多种业态，包括餐饮、住宿、文创、陶艺、扎染、马术、农耕等。截至 2022 年 12 月，M 村社区吸引政府及社会资本投资超 7000 万元，带动村集体收入从 2.15 万元跃升到 121 万元，增长 56 倍。旅游业收入达 280 万元，累计接待游客 200 万人次，实现了由贫困村向乡村振兴的巨大蜕变。

二、村庄文化生活化建设的典型性

M 村作为安徽省美丽乡村重点示范村、安徽省美丽宜居村庄、安徽省乡村振兴示范村，入选第三批全国乡村治理示范村、第二批全国乡村旅游重点村名单，被农业农村部推介为 2023 年中国美丽休闲乡村。

乡村文化的生活空间规划维度，从物理空间、组织空间、精神空间三个层面展开生活化建设图景。M 村设有综合文化服务中心，位于村中心位置，紧邻村委会，面积近 200 平方米。内设农家书屋、文化活动室、村史馆、文创作品展示馆，软硬件设施设备齐全，吸引许多村民或创客在此消磨闲暇时光。女性村民自发组织成立的"红莓姐姐"学习团队，是专门为留守妇女打造的交流空间。团队制定了一套涵盖通识、才艺和技能的课程，包括戏曲、高跷、女红、摄影、园艺等兴趣小组，每位"红莓姐姐"按兴趣与喜好分组学习。M 村还借助村剧场文化大舞台，承办"中华颂小品小戏名家进乡村""牡丹奖名家新秀送欢笑进社区""农民村晚""丰收·喜乐会"等集体文化活动，充实村民们的精神生活空间，营造出健康、积极、向上的精神文化氛围。

村庄生活伦理塑造维度，从家庭生活伦理、社会公德和职业生活伦理三个层面展开建设图景。当每年重阳节到来时，M

村都会开展以"重阳孝老、邻里和睦"为主题的民俗文化节活动，充分发挥了"孝文化"在家庭生活伦理塑造和乡村生活秩序维系中的重要作用。此外，根据村庄的实际情况，面向留守群体组织乡村"生活教育"活动。村党支部与10多家专业的文化培训机构，如"茶苑""艺术生活研习社"等对接，为社区居民带来丰富的精神产品。每月10日，积极开展"送学给农民"和"送学进乡村"等丰富多彩的活动，致力于为乡村儿童提供多元的学习平台和资源。至今，M村已经举办了超过260期的课外小学堂，因其卓越的表现和突出的成绩，成功入选全国首批"省级儿童之家示范点"。为助力乡村创业者良性发展，M村党支部出资打造了为乡村创业者提供帮助和支持的乡创学堂，着重培塑与引导创客们振兴乡村的爱农价值观、诚实守信的职业信仰及努力创新的精神，培养出一批有道德、有技术的"新农人"。

农民日常生活行为、惯习养成维度，从政策规训、社会规范、村庄公共舆论三个层面展开建设图景。"美丽庭院 和美乡村"建设由村妇女主任牵头，每个村民小组推选出一名"妇女小组长"，妇女小组长在完成自家清洁任务的同时，指导和带动组内其他农户妇女进行清扫，如此"滚雪球"到所有农民，促进其健康文明生活习惯的形成。村民公约则是在维护国家主流伦理文化的基础上，由M村村民集体合意产生的乡村规范，是对社会公德、家庭道德、职业道德和良好社会风俗的传承与弘扬。每年年底，村内评选"星级文明户"，利用榜样的力量引导农民日常行为规则感的养成。除此之外，M 村村民在经年累月中自发生成一种较为一致的好坏评价和共守法则，也在无形之中对农民的生活行为方式起到了极大的规约作用。

第二章　核心概念与相关理论

第一节　核心概念

一、乡村文化

界定乡村文化，首先需明确乡村内涵。本书所使用的乡村概念，是相对于城市而言的概念和范畴。《中华人民共和国乡村振兴促进法》规定："乡村，是指城市建成区以外具有自然、社会、经济特征和生产、生活、生态、文化等多重功能的地域综合体，包括乡镇和村庄等。"[1] "乡"这一字眼，承载了深远的"农业"与"文化"内涵。在中华文明的形成与发展历程中，乡村占据了不可或缺的重要地位。正如梁漱溟所说，中国文化以乡村为本，以

---

[1] 中共中央文献研究室. 中华人民共和国乡村振兴促进法 [M]. 北京：人民出版社，2021：3.

乡村为重，中国文化的根就是乡村。❶乡村不仅是生活世界、社会与意义秩序的基石，更是我国社会的核心组成部分。无数的璀璨文明，都在这片乡村的深厚土壤中生根发芽，茁壮成长。乡村是一个自然、社会、人文和经济特性相互交织、共生共荣的复合体，它作为连接人与自然、传统与现代的关键纽带，具有举足轻重的地位，是不容忽视的宝贵财富。

梁漱溟在《东西文化及其哲学》一书中将"文化"定义为"一个民族生活的种种方面"，并将其与"文明"明确地区别开来。他说："文化并非别的，乃是人类生活的样法……但是在这里还要有一句声明，文化与文明有别。所谓文明是我们在生活中的成绩品——譬如中国所制的器皿和中国的政治制度等都是中国文明的一部分。生活中呆实的制作品算是文明。生活上抽象的样法是文化。不过文化与文明也可以说是一个东西的两个方面，如一种政治制度亦可说是一民族的制作品——文明，亦可以说是一民族生活的样法——文化。"❷胡适也强调："文化是一种文明所形成的生活的方式。"❸具体来说，文化就是一种以固定的存在形式而生成的有机整体，它不仅涵盖了人类的知识、信仰、艺术等精神层面的内容，还包含了道德、法律、风俗等社会规范，以及每个

---

❶ 梁漱溟. 乡村建设理论 [M]. 上海：上海人民出版社，2006：10.

❷ 梁漱溟. 东西文化及其哲学 [M]. 北京：商务印书馆，1998：53-55.

❸ 欧阳哲生. 胡适文集 [M]. 北京：北京大学出版社，1999：1.

人在特定社会中习得和传承的各种技能与习俗。这些元素相互交织、相互影响，共同构成了文化的独特魅力与深厚底蕴。在西方的文化阐释中，《不列颠百科全书》将文化界定为人类知识、信仰和行为的整体。[1] 威廉斯认为，文化有着复杂的词义演变史和不同的思想体系阐释。在词义演变历程中，从最接近英文"culture"的拉丁文词源"cultura"及可追溯的最早拉丁文词源"colere"中，文化的词源意义是对农作物或动物的照料过程，后被延伸为"人类发展的历程"。思想体系上的现代文化意涵可以从思想、生活方式和艺术三个层面阐释。其中，从生活方式而言，文化表示一个民族、一个时期、一个群体或全人类的一种特殊的生活方式。[2]

对农村文化的理解，学界已有较多的探讨。刘丽伟指出，乡村文化是村民们在物质生活中所产生的丰富的物质资源，主要成分是村民所创造的一系列的精神生产和消费的进程，这些进程适合农村的生产方式、生活方式和思想方式。[3] 钟曼丽和杨宝强深入剖析了乡村文化的内涵，他们认为乡村文化是以农民为主体的

---

[1] 美国不列颠百科全书公司.不列颠百科全书（国际中文版）：第5册 [M].中国大百科全书出版社，译.北京：中国大百科全书出版社，1999：55.

[2] 威廉斯.关键词：文化与社会的词汇 [M].刘建基，译.北京：生活·读书·新知三联书店，2016：147-152.

[3] 刘丽伟.中国式乡村文化振兴：理论内涵、价值耦合及未来进路 [J].东北师范大学学报（哲学社会科学版），2024（4）.

社会体系中所形成的独特文化形态。这种文化主要以群众的文化休闲活动为表现形式，涵盖了农村社会的乡风民俗、行为方式、社会心理和价值观念等诸多方面。❶刘铁芳则进一步指出，农村文化并非一成不变，它需要不断地进行革新以适应时代的需求。然而，这种革新并非简单地取代旧有文化，而是受到自身发展规律的制约，需要在尊重传统的基础上进行创新。农村文化的重构，不仅是外在形式的改变，更是对农民群体个人生存信心的重塑，以及对其文化价值增值认识和价值增长能力的提升。❷顾海燕对农村文化有着更为宽广的视野，她深信农村文化并非孤立存在，而是与农村的生产劳作和日常生活紧密相连。农村文化是一个综合体系，涵盖了地方人民的道德伦理、文娱活动及知识教育等多个层面❸，共同构筑了农村丰富多彩的精神世界。这一体系不仅反映了农村社会的特点，而且也影响着农村社会的发展方向。蒋占峰和李红林指出，农村文化是指农村居民的思想方式、教育水平、价值取向、生活追求和生活方式等深刻的精神世界，体现

---

❶ 钟曼丽，杨宝强.再造与重构：基于乡村价值与农民主体性的乡村振兴 [J].西北农林科技大学学报（社会科学版），2021（6）.

❷ 刘铁芳.乡村教育的人文重建：起点与路径 [J].湖南师范大学教育科学学报，2008（5）.

❸ 顾海燕.乡村文化振兴的内生动力与外在激活力——日常生活方式的文化治理视角 [J].云南民族大学学报（哲学社会科学版），2020（1）.

出他们的精神世界、个性特点和文明开化的水平。❶毛一敬对"乡村文化"有着深入的见解。他认为，乡村文化并非孤立存在，而是在特定的社会环境和历史背景下，经过长久的文化积淀与文化意识形态的熏陶，逐步在日常生活中形成的。这种文化涵盖了价值观、思维和生活方式等多个层面，是乡村居民精神生活的具体体现。❷赵旭东和孙笑非两位学者提出，所谓的"乡村文化"，其核心在于以农民为主体的农村社会，这种文化形态主要体现在农村社会的民风民俗、社会心理、行为方式及价值观念等多个方面。这些元素共同构成了农村文化的独特风貌，反映了农民群体的生活状态、思维方式和价值追求。❸

在乡村文化中，村庄作为一个社会实体，与村庄的经济、文化和信仰密切相关，形成了一种具有延展性的农村文化形式。这种文化深深扎根于农村居民的日常生活，并已经沉淀成为一种普通的生活方式。❹它是乡村社区居民在生产和生活过程中产生的社会文化，是农村历史积累的产物，同时也是未来农村发展的精

---

❶ 蒋占峰，李红林.农村文化建设视野中农民幸福感重建探究 [J].长白学刊，2011（1）.

❷ 毛一敬.农村文化建设实践路径的类型化分析——基于对农民文化需求实践的分析 [J].重庆社会科学，2020（3）.

❸ 赵旭东，孙笑非.中国乡村文化的再生产——基于一种文化转型观念的再思考 [J].南京农业大学学报（社会科学版），2017（1）.

❹ 费孝通.对文化的历史性和社会性的思考 [J].思想战线，2004（4）.

神动力。因此，文化是乡土社会的一种反映，必须融入乡土社会的现实情境中，才能为人们所理解和传承。

　　乡村文化的组成在学界存在不同观点。王华斌认为，乡土文化包含物质形态、精神和审美三个层面，民俗文化由村落建筑、服饰、饮食、礼仪和习俗等构成，蕴含着本民族和区域的文化遗产。[1]钟曼丽和杨宝强对于乡村文化的构成有着独到的见解。他们认为，乡村文化的核心在于村民的信仰、道德习俗、群体意识及人际关系中的行为准则。[2]这些要素相互交织，共同构成了乡村文化的独特风貌。周军则进一步深化了这一理解，他提出乡土文化是一个由知识、思想、习俗、道德、价值观、制度和生活模式等多个层面构成的稳定而灵活的文化聚合体。[3]这一聚合体既具有稳定性，能够传承和延续乡土文化的精髓，又具有灵活性，能够适应时代变迁和社会发展的需求。赵霞提出，乡村文化是农民在农业生产和农村生活中逐步积累的心理意识、思想理念、行为模式和各种成果[4]，这些元素共同构成了农村文化的丰富内涵和独特魅力。张伟强和桂拉旦将农村文化资本分为实体型农村文化

---

[1] 王华斌.土文化传承：价值、约束因素及提升思路[J].理论探索，2013（2）.

[2] 钟曼丽，杨宝强.再造与重构：基于乡村价值与农民主体性的乡村振兴[J].西北农林科技大学学报（社会科学版），2021（6）.

[3] 周军.中国现代化进程中乡村文化的变迁及其建构问题研究[D].长春：吉林大学，2010：21-22.

[4] 赵霞.乡村文化的秩序转型与价值重建[D].石家庄：河北师范大学，2012.

资产（如房屋建造）和无形农村文化资本（如文化传统和民俗信仰）。❶一些学者将农村文化分为物质性文化、规范性文化和信仰文化，其构成一个相互交织、不可分割的文化聚合体。❷综上所述，乡土社会在形态上包容，在内涵上多元。尽管学界对于乡村文化的具体组成元素持有不同观点，但有一点共识是毋庸置疑的，那就是乡村文化始终以农村社会和农民为核心。深入研究乡村文化的组成元素，无疑将有助于我们更加清晰地理解和阐释乡村文化建构的深刻内涵。通过这一过程，我们可以更准确地把握乡村文化的精髓，为乡村社会的和谐发展提供有力的文化支撑。

可见，乡村文化作为一种独特的文化类型，凝结了农民在长期农耕生活中积累的精神观念与智慧。其内涵丰富，涵盖村庄所有物质文化与精神文化，如村庄生活空间规划、村民的精神面貌、日常生活行为方式、节庆民俗活动、村规民约的制定与执行，以及村庄共同的伦理观念等多个方面。乡村文化既是乡村生活的真实写照，也是乡村社会发展的重要精神支柱。随着农村经济社会的快速发展，外来文化对乡村文化日益产生显著的影响，使乡村文化处于剧烈变革之中。在实施乡村振兴战略过程中，必

---

❶ 张伟强，桂拉旦. 制度安排与乡村文化资本的生产和再生产 [J]. 甘肃社会科学，2016（1）.

❷ 张良. 实体性、规范性、信仰性：农村文化的三维性分析——基于湖北、安徽两省八县（区）的实证研究 [J]. 中国农村观察，2010（2）.

须加强对优秀传统文化的保护和传承，建立符合社会主义核心价值观的乡村文化体系。

二、生活化

在马克思经典著作中，对生活问题的探讨以"现实的人"为逻辑起点，这一讨论深深植根于"类本质"与"对象化"这两个基本范畴。马克思在《德意志意识形态》一书中提到："人类利用其自身的生存条件，首要依赖于其自身已经存在和需要再生产的生活资料本身的特性。这样的生产方式，不能仅仅根据人的身体生存的再生产来看，它是这些人的一定的生活方式。"❶ 马克思的这一论述实际强调的是"实践本质"，即社会生活本身就是一种实践性。一切使理论陷入神秘主义的奥秘，都可以通过人类的实践及对这种实践的了解来加以理性的解答。胡塞尔，这位卓越的德国哲学家，不仅是 20 世纪现象学派的开创者，他还在哲学领域留下了浓墨重彩的一笔。他对于"生活世界"的界定独树一帜，认为这是一个能被感知和体验的世界❷，即我们日常生活的真实写照。在这个世界中，我们的感知与体验相互交织，共同构建

---

❶ 马克思，恩格斯. 马克思恩格斯选集：第一卷 [M]. 中共中央马克思恩格斯列宁斯大林著作编译局，译. 北京：人民出版社，2012：26.

❷ 胡塞尔. 欧洲科学危机和超验现象学 [M]. 王炳文，译. 北京：商务印书馆，2005：379.

了生活的丰富多彩。法国思想家亨利·列斐伏尔被西方学界公认为"日常生活批判理论之父"。他对"日常性"与"非日常性"进行了深入的区别，指出日常生活是无处不在、全方位的，它渗透到我们生活的每一个角落，无论是琐碎的小事还是重大的事件，都构成了我们生活的一部分。❶ 这种对日常生活的深入剖析和批判，为我们理解生活的本质提供了独特的视角。

中国学术界对于"日常生活""生活化"的讨论涉及各种人文社会科学领域，这种通常存在于习惯和世俗形式中的普通生活，在哲学、美学、社会学和文化研究中均占据着重要地位。学术界的研究要么着眼于超越具体可感知的微观现实的理性思考，要么关注"与高雅文化、高雅艺术相对的现实领域、大众文化"。❷ 以民俗学提出的生活化研究模式为例，民俗学始终将生活置于研究的核心位置，并巧妙地将生活本身作为研究的重要工具。在这种理念的指引下，民俗学逐渐发展出了一种独特的"生活化"研究模式。这一模式即尝试运用民间传说解释生活现象、分析生活中的民俗现象，建立民俗与生活之间的关联，从而为推动民俗学与其他相关领域的交流和对话提供了可能。将生活化研究置于中心位置不仅极大拓宽了民俗研究的视野，也为乡村文化

---

❶ 列斐伏尔.日常生活批判：第二卷 [M].叶齐茂，倪晓辉，译.北京：社会科学文献出版社，2018.

❷ 邓苗.民俗学日常生活研究的路径与方向 [J].青海民族研究，2023（1）.

建设提供了新的思路和模式。这里的"生活化"体现为一个动态的进程，即以人类的生存与发展活动为出发点、源泉和载体，在一系列动态实践与运作中对人类的衣食住行等各领域产生一定程度的影响与变化。这一过程始于生活，贯穿生活始终，并最终延伸至整个生命周期。

本书尝试将"生活化"界定为：以人们生存和发展而进行的各种活动为起点、源头和载体，通过动态的实践和操作，最终影响和改变人们的衣食住行等方面情况，以及生存发展所进行的活动的各个方面，即始于生活，终于生活，贯穿于生活。

三、乡村文化的生活化建设

党的十八大以来，随着人居环境改造、厕所革命、煤改气、移风易俗等各项工作的开展，农村生活在短时间发生了重大变化，激活了乡村文化建设的生活化面向。"小康不小康，关键看老乡。"农民作为乡村文化建设的实践者和受益者，在追求美好生活的向度方面，他们与国家治理的导向是同构的。乡村文化建设并非仅局限于文体设施的改造和电影、戏剧等项目的下乡活动，它应更深入地涉及对农民日常生活的全面尊重和深度融入。真正的乡村文化建设，应该是让文化元素自然而然地渗透到农民的生活中，引导他们积极参与其中，从而真正回归生活的本质。

这种回归不仅强化了村庄的内在自主性，而且在保持乡村文化独特性的基础上，使其内容更加贴近农民的实际需求，更加生活化。这样的乡村文化建设，才能真正满足人民对美好生活的向往和追求，让乡村焕发勃勃生机与活力。

乡村文化的生活化建设包含三个层面：乡村文化的生活空间规划、村庄生活伦理塑造和农民日常生活行为惯习养成。乡村文化的生活空间，既承载着村民们日常起居、民俗节庆等充满村庄记忆、体现乡村秩序的物质层面，又构建了一个满足乡村共同精神文化需求的关系网络空间。在这个空间里，物质与精神交织，共同构筑了乡村文化的深厚底蕴。村庄生活伦理涵盖家庭生活伦理、社会公德和职业生活伦理。通过塑造主流价值观，并将其上升为公共规范和认知，指导村民们的生活实践。农民日常生活行为惯习的养成，是指在乡村生活空间中实际发生的一系列具体生活实践。这些实践是农民在物质空间与主观观念相互作用下展现出的客观且具体的行为。这些行为不仅反映了农民的生活方式，也体现了他们的价值观念和生活态度。健康文明的日常生活行为惯习的养成，是一个复杂而长期的过程。在这一过程中，农民不仅逐步有了指向现代化生活实践的模式，而且反过来通过现代化观念的形成，将那些标准化、科学化和指标化的行为"知识化"与"观念化"，从而塑造现代化生活伦理。

第二节 相关理论

一、日常生活理论：从哲学思辨到社会学探索

（一）哲学觉醒：从背景世界到核心议题

长久以来，社会思想家们深受宏大叙事的传统影响，日常生活常被视作平淡无奇、琐碎重复的存在，缺乏系统、秩序的特征，甚至被轻描淡写地忽略不计。然而，随着一批具有前瞻性的当代思想家的涌现，这种固有的思维取向开始发生深刻的转变，日常生活逐渐引起了学术界的广泛关注。

这种对日常生活的学术关注，最初源自哲学领域的觉醒与深刻洞察。进入 20 世纪后，思想家们开始将目光投向了日常生活这一领域，使其成为世纪哲学不可或缺的重要内容之一。在这一时期，众多杰出学者如卢卡奇、胡塞尔、列斐伏尔、维特根斯坦等，纷纷对日常生活进行深入的哲学理论探索。他们从不同的角度出发，对日常生活的本质、意义和价值进行了深刻的剖析与阐述，为我们理解日常生活的哲学内涵提供了重要的视角和思路。

对于日常生活的理解，赫勒给出了独特的界定。她认为日常生活是社会再生产所需个体再生产要素的集合，日常生活与每一

个社会个体的生存状态紧密相连，它是生活的基石。然而，长期以来，由于种种原因，日常生活往往被视为背景世界，被人们所忽视。❶ 在《欧洲科学危机和超验现象学》这部著作中，胡塞尔以其深邃的洞察力，引入并确立了生活世界这一研究视角。他敏锐地观察到，在我们看似平凡的日常生活世界中，正悄然上演着一场影响深远的科学危机。这场危机不仅涉及科学领域的各个方面，更深刻地触及了人类生活的每一个角落。胡塞尔深刻地剖析了这场危机的本质，认为这实际上是一场深刻的文化危机或人的意义危机。为了克服这场危机，他提出了一个根本的出路，那就是回归我们熟悉且身处的生活世界。❷ 在胡塞尔看来，生活世界对于我们每一个生活在其中的人来说，都是预先存在的，它无须我们刻意去寻找或构建。这个世界是我们一切实践活动的基石，是我们理解世界、认识自我、体验生活的起点。维特根斯坦洞察到语言在哲学分析中的核心地位，他坚信语言是日常生活中最基础且不可或缺的要素。在维特根斯坦看来，日常生活不只是社会行动的实践场域，更是一个语言活动的广阔天地。这些由语言和动作交织而成的复杂整体，就像是一场场精彩纷呈的语言游戏。❸

❶ 刘怀玉.列斐伏尔与20世纪西方的几种日常生活批判倾向 [J].求是学刊, 2003（3）.

❷ 胡塞尔.欧洲科学危机和超验现象学 [M].张庆熊，译.上海：上海译文出版社, 2002.

❸ 张学广.维特根斯坦的语言实践观 [J].西北大学学报（哲学社会科学版）, 2023（5）.

通过这些游戏，我们得以窥见生活的多样性和丰富性。因此，哲学对日常生活的回归，其实质上也是对生活形式中语言的回归。这种回归让我们重新审视并理解语言在日常生活中的重要性和价值，进而深化我们对生活本身的认识。在此独特的时代背景下，海德格尔以其深邃的哲学思维，从"存在的意义"❶的崭新视角，对日常生活的两个层面进行了详尽而深入的剖析。一方面，他深入探索了日常自身存在的本质，即寓世存在。这一理念探讨个体在纷繁复杂的日常生活中如何展现出自身独特的存在状态，如何与世界相互交融、相互影响，从而构成我们丰富多彩的生活图景。另一方面，他分析了作为常人身份显现的共同存在，即人们在日常生活中共同拥有的存在方式和经验。这两个层面的探讨，为我们理解日常生活的哲学内涵提供了深刻的洞见。

作为西方马克思主义哲学的卓越代表，列斐伏尔在将日常生活纳入哲学研究的广阔天地中发挥了举足轻重的关键作用。他打破了以往哲学只关注宏观世界、政治和经济问题的局限性，强调微观世界、日常生活和个体自由的重要性。列斐伏尔首次清晰地指出，将日常生活视为社会学的一个研究对象，并将其作为批判的议题。他认为，在当代社会，人们的日常生活存在着多重的异化，不仅局限于马克思所提出的劳动异化。这种异化更多地体

---

❶ 王宏健.在"实际生活"与"存在意义"之间——论海德格尔早期弗莱堡讲课中的两条内在线索 [J].安徽大学学报（哲学社会科学版），2018（2）.

现在科技、政治、权力等方面，全方位地压迫着个体的精神、情感、心理和意识。❶

简言之，相对于科学的崇高身份，日常生活被视为简单直觉、可经验的、无主题的，它仅构建了科学的环境和基础。将人们的日常生活从后台引入理智的领域，并将理智主动地融入生活世界之中，这是哲学家们的一项重要工作。上述思想家从多个层面进行的探讨无疑为哲学领域开启了日常生活分析的新篇章。从整体认识的角度看，哲学首次对日常生活进行了系统性的分析。这种分析首先基于对自然科学与日常生活之间紧密联系的探究，从而形成了对日常生活存在论的认识。进而，哲学通过形而上的抽象思维，对形而下的日常生活进行了深入的剖析。这种解释方式正是以形而上为手段，对日常生活进行了更为深刻的解读。然而，这些研究并未真正揭示日常生活的现实意义。因此，"回归日常生活"这一口号，实质上只是为日常生活的研究提供了一个标识或一面旗帜，并未真正推动对其深入探究的实质性工作。

（二）社会学转向：日常生活视角的兴起

社会学在探讨日常生活的道路上不断迈进，深入挖掘其深层次的内涵。回顾社会学的发展历程，我们可以清晰地看到，尽管

---

❶ 列斐伏尔.日常生活批判：第二卷 [M].叶齐茂，倪晓辉，译.北京：社会科学文献出版社，2018.

日常生活一直是学者们关注的焦点之一，但在主流社会学的研究导向上，实证主义、功能主义和建构主义等理论往往占据了主导地位。这种倾向使"日常生活"这一议题未能得到应有的重视和深入的研究。越来越多的学者更倾向于关注社会的运作规律、社会秩序和社会体系的功能，这导致他们在构建社会现实时逐渐减少了对日常生活的关注，使日常生活在这一过程中变得边缘化、被忽视、似乎不那么重要。因此，随着哲学领域逐渐对日常生活的根本特征进行深入探讨，社会学也成功地将日常生活重新置于其研究视野之中，并赋予了其新的关注与重要性。

在社会学领域中，对于日常生活的真正关注与探讨，实际上是在 20 世纪中期逐渐崭露头角的。这一时期，消费社会的兴起及其对社会生活带来的深远影响，使社会学的研究取向发生了重大转变。作为消费社会的重要组成部分，日常生活逐渐从边缘走向中心，成为社会学理论思考的核心议题。在这一背景下，一批杰出的社会理论家如埃利亚斯、布迪厄、德塞图、福柯、吉登斯等人，开始将日常生活作为主流社会学的重要议题进行深入研究。他们从不同的角度和层面，对日常生活的内涵、特点、功能及变迁进行了全面而深入的剖析，为我们理解社会现象提供了全新的视角和思路。同时，日常生活视角的兴起也离不开西方社会发展的客观现实。随着社会问题的日益凸显，传统的主流社会学研究范式，特别是实证主义和结构功能主义，逐渐暴露出它们的局限性和无力感。这些方法在处理复杂多变的社会现象时，往往显得捉襟见肘，难以给出深入且全面的解释。这促使社会学家们开始寻求新的研究范式和方法，以更好地应对现实生活中的挑战和问题。而日常生活视角的兴起，正是这一探索过程中的重要成果之一。

具体而言，在《日常生活中的自我呈现》一书中，戈夫曼以其独特的视角，深入解析了个人交往过程中个人意象的形成与展现。他通过对日常生活经验的细致观察与深入反思，从经验层次上开启了社会学对日常生活的深度思考。戈夫曼巧妙地将日常生活与戏剧进行类比，将个人生活视作一场场对事件的戏剧性表现。在这种戏剧性的表现中，每个人都扮演着不同的角色，而这些角色的扮演正是个人每时每刻都在进行的活动。[1]这一研究视角的转化，使戈夫曼的研究范式在经典的实证主义和结构功能主义之外开辟了新的研究路径，为后续的社会学研究提供了全新的启示。随后，吉登斯、哈贝马斯、布迪厄等学者以此为基础，将个人行为与宏观社会组织联系起来，构建了以此为基础的社会学理论体系。这种理论取向为深入探讨日常生活提供了更为全面和深刻的分析框架，促进了对社会现象更加深入的理解。

20 世纪 80 年代中期，社会学领域经历了一次重要的变革，

---

[1] 戈夫曼. 日常生活中的自我呈现 [M]. 周怡，译. 北京：北京大学出版社，2008.

开始将空间视作日常生活环境的核心分析元素之一，并将其纳入研究视野，以更全面、深入地探讨社会现象。关于日常生活空间的研究，形成了多种不同的思路。其中，布迪厄的社会再生产理论占据了重要地位。他主张，观念秩序并非凭空而来，而是建立在空间的隐喻之上。这些隐喻无处不在，不仅体现在庄严的仪式行为中，更深深根植于我们日常的生活空间。❶因此，从某种程度上讲，空间是观念结构的具体化，是我们感知和理解世界的重要媒介。布迪厄进一步指出，空间的符号化特征在社会结构中扮演着举足轻重的角色，它以一种微妙而深远的方式影响着日常生活中的身体活动。我们的一举一动，无论看似多么微不足道，实际上都在无形中被这些符号化的空间所左右。❷与此同时，另一种研究思路则强调了空间的生产和控制实际上是权力统治的一种技术手段。通过精心构造和控制空间，权力得以在无形中渗透和操控社会的每一个角落。福柯作为这一观点的代表人物，对封闭空间进行了深入的研究。他聚焦监狱、医院和学校等典型的封闭环境，详细剖析了这些空间如何通过其特性对身体进行细致入微的观察、深入骨髓的分析及严格的规训。福柯的研究揭示了空间如何被用作权力工具，以实现对个体的控制和塑造。然而，穆格

❶ 何雪松.社会理论的空间转向[J].社会，2006（2）.

❷ 章兴鸣.符号生产与社会秩序再生产——布迪厄符号权力理论的政治传播意蕴[J].湖北社会科学，2008（9）.

勒对以上两种观点提出了质疑。他认为，这两种观点虽然有其独到之处，但都忽略了空间秩序背后所蕴含的权力关系。在穆格勒看来，要真正理解日常生活空间是如何不断被建构和再解释的，需要综合运用这两种方法，深入探索空间背后的权力运行机制。❶只有这样，我们才能更全面地揭示日常生活空间的真相。

现象学社会学和常人方法学这两大社会学流派，将"日常生活"的研究进一步引入了社会学的核心视野。在这些深入的研究中，现象学社会学特别强调了日常生活的基础性与重要性，将其置于社会学研究的基石地位。舒茨对日常生活的评价极高，他视其为生命的源泉与核心，更将其誉为"至尊现实"❷，凸显了其在社会学研究中的不可替代性。与此同时，彼得伯格也持有相似的观点。他认为每天的生活是我们无法回避的现实，它是每个人生活的基础，是我们与世界互动的起点。❸人们的日常生活和行为，在无形中维护着社会的秩序，是社会稳定的基石。现象学社会学对日常生活基础性地位的认知，在常人方法学中得到了更为深入的推进与拓展。常人方法学不仅坚定地认同了日常生活作为首要社会现实无可替代的重要性，更将研究的触角进一步延伸到日常

---

❶ 尤小菊.略论人类学研究的空间转向 [J].西南民族大学学报（人文社会科学版），2010（8）.

❷ 夏宏.生活世界概念的社会学转向——基于胡塞尔、舒茨和哈贝马斯的分析 [J].华南师范大学学报（社会科学版），2024（4）.

❸ 李钧鹏.理解、知识与意义：彼得伯格的解读社会学 [J].广东社会科学，2019（4）.

生活的特定情境之中。它不再满足于对日常生活的表面描述，而是力图透过现象看本质，揭示隐藏在日常生活中的深层次社会意义。他们相信，研究人们日常生活行为的含义和方式，离不开他们真实的生存情境和情感。例如，哈贝马斯进一步明确了日常生活的概念，他将文化、社会和个性三大构成因素结合起来，构成了他的生活世界，并认为生活世界是文化再生产、社会整合及社会化互动的结果，也是日常生活与交流的现实基础。❶德塞图则深入阐释了布迪厄关于"空间实践"逻辑的日常生活特征。他将"战术"与"战略"视为日常实践的核心理念，主张将"特殊"从日常的现实中分离出来，聚焦在普通人的日常生活中，从而获得真实的认知。❷

法兰克福学派以对资本主义与现代性的批评为基础，对日常生活进行了深入剖析。这一学派深刻地洞察到，近代科技在迅猛发展的同时，也在人们的日常生活中引发了显著的异化现象。张学东强调，法兰克福学派对此现象进行了尖锐的批评。他们指出，在资本主义现代性的不断推动下，人类逐渐陷入工业文化的叙事框架，深受其束缚，不得不依赖科技理性的深入渗透。这种

---

❶ 王凤才.哈贝马斯对生活世界概念的批判性重构 [J]. 北京师范大学学报（社会科学版），2024（6）.

❷ 吴飞."空间实践"与诗意的抵抗——解读米歇尔·德塞图的日常生活实践理论 [J]. 社会学研究，2009（2）.

依赖导致了日常生活的危机❶，人们越来越失去对自我和生活的掌控。马尔库塞则从更宏观的角度审视了这一现象。他基于技术不断进步的社会背景，指出随着科技的迅猛发展，日常生活的文化、政治和经济活动正逐渐被纳入一个无所不在的庞大体制中。在这个体制的笼罩下，个体的自由与尊严遭受了前所未有的挑战。❷更值得关注的是，在日常生活的微观层面，人们普遍体验到了"异化"现象，即个体在不知不觉中受到各种形式的控制和剥削。工业化文明的发展不仅为这种控制和剥削披上了合法的外衣，还使人们更加难以察觉到这一现象的严重性和危害性。因此，他呼吁人们要更加警惕这种体制化的趋势，积极寻求个体的自由与尊严。针对这一挑战，哈贝马斯等学者提出了自己的见解。他们认为，要解决由现代性引发的工具理性所导致的日常生活中异化问题，必须诉诸合理的交往范式，通过加强人与人之间的沟通与理解，打破体制的束缚，恢复个体的自由与尊严，从而实现对日常生活的重构与解放。❸

---

❶ 张学东.“日常生活”的理论嬗变及其对社会管理的“隐喻”——基于社会学理论的梳理与思考 [J]. 广西社会科学，2014（2）.

❷ 蒂姆·丹特，孙海洋.文化批判的谱系：艺术、娱乐与人类解放 [J]. 国外理论动态，2017（11）.

❸ 孙绍勇.交往理性的主体间性向度解析及当代审思——以哈贝马斯交往范式与交往实践旨趣为论域 [J]. 山东社会科学，2022（7）.

（三）建构主义视野：日常生活的多维解析

在吉登斯的建构主义观点中，他对日常生活的关注是出于对日常生活本质的关切。这标志着社会学领域研究"日常生活"的视角日益成熟。吉登斯认为，人们的日常生活并不是看似混乱无章的，而是受到许多看不见规律的引导。他们的生活并非随意而为，而是在现实的桎梏中、在既定规则的基础上，创造并构建新的秩序。吉登斯提出的"行动流"❶概念，为我们揭示了日常行为背后的深层含义。它解释了日常行为为何时而变幻莫测，时而习以为常，又时而呈现常态。吉登斯着重指出，我们绝不能轻率地将惯例这一日常实践活动简单地视为社会制度的稳固基石。实际上，它更多地表现为社会生活中复杂多变的一个环节，而非一成不变的稳定基础。惯例的多样性和动态性，使其在社会制度的构建中扮演着复杂且多变的角色。吉登斯的这一见解，深化了我们对日常生活的理解，让我们看到了其中隐藏的无限可能性和创造性。此外，吉登斯还进一步指出，在日常社会生活的常态之中，存在一定程度的本体安全，并且由于特定环境的变化及个体的差异，其内在的安全性也会有所不同。总之，随着社会学的不断演化，日常生活逐渐成为社会学

---

❶ 吉登斯. 社会的构成 [M]. 李康，李猛，译. 北京：生活·读书·新知三联书店，1998：65.

中重要的视角，并逐渐发展成为一种特殊的"日常生活社会学"，由符号交互论、仿剧论、现象学、普通人方法论和生存主义社会学等多种理论构成。

可见，哲学、社会学等社会科学对日常生活的关注程度逐步增加。在赫勒的《日常生活》一书中，她以独到的视角，对人们的日常生活进行了深入且多层次的剖析。她不仅精准地捕捉到了日常生活的多个基本特质，如重复性、经验性及实用性等，而且将这些特质巧妙地串联起来，共同构筑了她所定义的"日常生活"的丰富内涵。在赫勒看来，日常生活并非琐碎和单调的重复，而是个体再生产要素的集合，这些要素既维持着个体的生存，又推动着社会的再生产。换句话说，日常生活中的各种活动，无论是吃喝拉撒，还是工作学习，其核心目标都是保障个体的生存和社会的再生产。这两个维度无疑是日常生活的重中之重，它们共同构成了日常生活的核心价值和意义。

吉登斯的研究为我们对日常生活基本特征的理解开辟了更广阔的视野。他深入探讨了"日常"这个词所蕴含的丰富内涵，指出它不仅代表着日常生活的琐碎与平凡，更蕴含着社会生活在时空中的无限延展与例行化特征。这种日复一日的单调重复，虽然看似乏味，但实际上是社会生活循环往复特征的实质根基。它不仅揭示了日常生活的稳定性和连续性，更凸显了人们在日常生活中所展现的坚韧不拔的毅力。根据吉登斯对日常生活的深入解释，杨建华进一步将其细化为三个紧密相连的层面：日常消费、日常交往和日常观念。日常消费是为满足个人物质需求而进行的行为，直接反映了人的本性；日常交往指在社区内进行的互动行为；日常观念是与前两者同步进行的观念活动。❶另一些学者将日常生活的具体内涵分为日常生存、日常交往、日常组织和日常观念。日常生存涉及生活必需品的生产和消费，而日常交往建立在血缘关系和人类天然情感基础上，日常组织以家庭、习俗、自在的宗教、社区等形式为主要组织形式，日常观念则是前述三者的观念表现。❷

（四）中国语境：乡村日常的研究转向

20世纪70年代后期，中国进入了改革开放时代，人们的日常生活逐渐形成自我意识，并建立起独特的运行逻辑。过去，人们依赖体制，将日常生活置于整体社会目标之下，这种安排渐渐被人们抛弃，因为它不仅无助于实现更高目标，反而使人们更远离自身。因此，普通生活凸显出来，不容忽视，社会学者将研究重心转向各时期人们的日常生活。近年来，关于农村社会变迁的研究越来越多地从日常生活角度进行探索，例如，中国社会科学

---

❶ 杨建华.日常生活：中国村落研究的一个新视角 [J].浙江学刊，2002（4）.

❷ 包涵川."生活小事"：中国基层治理的重要维度——兼论政权与社会关系的中国特色 [J].西南民族大学学报（人文社会科学版），2021（12）.

院的"中国百村调查丛书"和"广东农村村落变迁案例丛书"，以及杨建华主编的《经验中国——以浙江七村为个案》等。这些研究以日常生活为切入点，通过直接观察人们特定的日常生活，描绘他们的活动模式、内部结构、实践范围、运作逻辑、历史演变，以及日常生活中的冲突、裂变、分解和建构。通过乡村生活叙事，可以直接展现其生活形态和变迁，捕捉并描述乡村变迁的过程和轨迹。

总体而言，社会学中对"日常生活"研究的兴起，颠覆了帕森斯等人所推崇的"大叙事模式"。许多社会学者放弃了传统的以整体和演化为主要视角的经验主义范式，而是从个体的主体性出发来解释人类行为、社会关系、结构与发展，重新审视"社会的日常生活"。

"乡土社会"是中国乡村社会的底色。乡土社会不仅孕育了熟人社会结构，而且沉淀了厚重的乡村文化传统。在乡村社会现代化的进程中，国家、市场等现代性力量日益深入，推动乡土社会转型。因此，回应当代农民日常生活中出现的问题，安顿农民的生活秩序，是新时代乡村文化建设难以回避的重要使命。

二、内源发展理论

内源发展源自对外部干预主义发展实践的深入思考，强调了区域自治和地方民众的主观参与，是一种新的研究思路。1974年，联合国大会在《关于建立国际经济新秩序的宣言》中宣告："各国应享有依据自身发展情况自由发展的权利，且不应受到任何形式的歧视。"该声明中即包含着"内源发展"的思想。弗朗索瓦·佩鲁于1983年发表的《新发展观》基于整体的、综合的、内源的三种不同发展模式，认为内源性发展是一个民族对自身实力与资源的理性开发和运用，通过调动当地不同的利益群体，根据当地的愿望，共同制订发展计划，并建立相应的资源配置制度，从而提高当地的技术水平。❶

霍华德·威亚尔达认为，内源发展是一种侧重于内在资源的合理开发利用的发展模式，它强调通过挖掘和利用本土资源来推动地方经济的可持续发展。❷内源发展高度重视本土化的发展路径和方式，强调对地方特色的认同与尊重，同时主张在发展过程中实现本土自治，并积极开发利用地方自主性资源，以实现可持续和自主的发展。在《发展的反思》一书中，亨利·明茨伯格深入剖析了发达国家的现代化历程，指出这些国家主要是通过内源发展实现了经济社会的飞跃。然而，当目光转向发展中国家时，情况却大相径庭。发达国家在推动发展中

---

❶ 佩鲁. 新发展观 [M]. 张宁，丰子仪，译. 北京：华夏出版社，1987.

❷ 威亚尔达. 非西方发展理论 [M]. 董正华，昝涛，译. 北京：北京大学出版社，2006.

国家的发展过程中，并未积极倡导内生性的发展方式。相反，他们高举自由贸易和全球化的旗帜，看似在促进全球合作，实则在一定程度上误导了发展中国家，使这些国家难以真正找到适合自己的发展道路。全球化无疑将发达国家的企业带向全球舞台。但这是否也促进了发展中国家的发展？或者说，这只是外部剥削的另一种形式？发展中国家应当重新审视并回归到内源发展的主要路径上来。

内源发展不仅是一个经济概念，而且是一种文化自信的体现。它倡导个人或集体通过独立解决问题，培育较强的自尊心。这种自尊心源于对本土文化传统的尊重和继承，它使一个国家或地区能够在全球化浪潮中保持独立自主，找到真正适合自己的发展道路。内源发展对于所有国家而言都是至关重要的因素，无论国家贫富，其稳健发展的关键均在于达成经济、社会与政治权力的均衡。只有这样，发展中国家才能真正实现可持续、自主发展，赢得世界的尊重和认可。黄高智表示，内源发展应当紧密围绕每个国家社会的独特现实展开。这意味着在推进发展进程时，需深入了解并充分尊重人民的需求与意愿，全面考量国家在人力、技术、财力等多方面的现有资源，并努力挖掘那些尚未充分利用的潜在资源，同时考虑各国的具体制约因素。任何社会都应当按照其自身的文化特征和思维、行为模式来寻找适合自己发展

的形式和道路。❶

　　国内外学者对内源发展方式进行了多角度的剖析。黎成魁从科学技术的角度对内源开发途径进行了探讨。他认为，科技并非中立，而是传达了社会规范和社会关系。因此，科技创新就是对自身难题进行思考和研究，并通过自身寻求答案，而不是机械地模仿外部世界；❷培养内在的科学技术创新能力，必须重新评估现有认识，筛选所需知识，并开发适合本国国情的新知识。黄高智则从人文视角对内源发展途径进行了探讨。他指出，发展就是文化，文化就是发展。真正的发展必须立足于一国之文化，立足于人类自身。❸罗朗·科兰从内源发展的角度出发，分析了社会交往和群体参与的功能。他指出，社群沟通和民众参与作为内源发展的先决条件和关键动机，能够促进民众以自我意愿表达自身理想和世界观。❹明茨伯格提出了企业内生性增长的几种途径。一是家族经营；二是分化，即许多创业者

---

❶ 黄高智.文化特性与发展：影响和意义[M].联合国教科文组织.内源发展战略.北京：社会科学文献出版社，1988.

❷ 黎成魁.科学和技术：内源发展的选择[M].联合国教科文组织.内源发展战略.北京：社会科学文献出版社，1988.

❸ 黄高智.文化特性与发展：影响和意义[M].联合国教科文组织.内源发展战略.北京：社会科学文献出版社，1988.

❹ 科兰.社会交流和大众参与发展：传统与现代[M].联合国教科文组织.内源发展战略.北京：社会科学文献出版社，1988.

从一个公司分离出来，又创建了其他公司，就像意大利北部的情况一样；三是合作，即组成协会，联合各种不同的经济力量，以实现发展。例如，民间团体和各种类型的产业协会都在推动内部发展。此外，还存在一种网络化的合作模式，在这种模式下，某种产品的卖家形成一种非正式的关系，并且在某些情况下，他们可以为共同目标筹集资金。基于内源发展思想，一些发展研究专家提出了"参与式发展"的概念，并构建了适用于这种新发展思想的"参与性"评价体系。该方法旨在深入理解本地人民的发展意愿，积极鼓励他们自主分析所面临的困难与问题，进而提升他们的自主权和能动力，有效调动本地的资源，以满足他们对于发展的渴望。[1]

关于内源发展，国内外学者持有很多观点，虽然在具体理论上存在差异，但可以得出以下共识：内源发展是一种注重在特定区域内部激发动力、挖掘潜力的发展模式。它强调充分利用该区域自身的独特优势和资源，尊重本土的价值观念和制度体系，不断探索和塑造真正符合区域特色的发展路径。内源发展强调的内源性主要体现在三个层面：首先是主体内源性，即以乡土社会为主体，依托其主观能动性实现自身发展进程。其次是内外联动的协同性，内源发展并不完全排斥外部资源的支持和促进作用，倡

---

[1] 许远旺，卢璐. 从政府主导到参与式发展：中国农村社区建设的路径选择 [J]. 中州学刊，2011（1）.

导借助外部力量来激发和推动内在动力，形成以内为主、内外协同的发展路径。最后，民众的广泛参与在这一过程中不可或缺。它不仅是内源发展的坚实基础，更是内源发展追求的核心目标。内源发展实质上是向内部释放发展的主导动力，强调内在资源实力的主体性和自主性，着重挖掘内部潜力，特别是激发内生主体实力，培养其发展能力。然而，在实施内源发展理念时，外部资源动力的推动和活化作用同样重要，需要着力激发其内在转换效果，建立一种内外资源协同促进的发展模式。

内源发展理论与乡村文化生活化建设之间存在着一种契合关系。首先，内源发展观所积极倡导的"主体内源性"理念，深刻体现了乡村文化生活化建设过程中对农民主体地位的尊重与重视。要推进乡村文化的发展，就要将焦点放在农民的主体性上，确保他们在乡村文化建设中发挥主导作用。其次，内源发展倡导的"以外促内，内外结合"的发展模式，符合乡村内部成长的社会实际。乡村社会的内生治理资源持续被抽取，单纯依赖村庄"村民自治"难以实现其历史任务。因此，在政府管理资源的推动下，通过对乡村内生管理资源进行活化，使其在乡村内部进行转换，有利于建立"以外促内，内外结合"的乡村文化振兴模式。最后，内源发展所重视的"广泛参与性"与以"激发农户参与热情"为核心的乡村文化内源发展是契合的。要使乡村文化建设真正做到以农民为主体，就要充分调动村民的主体意识，转变村民在乡村文化建设中"围观""看客"的角色，使乡村文化建设具有持久活力。

新时代乡村文化生活化建设立足乡土社会独特的现实背景，不再局限于"技术—现代"的发展理念，而是需要超越对现代技术知识与"现代意识形态"的适应和调整。这一转变要求我们不再仅改良或排除传统的乡村文化，而是要在尊重和保护乡村文化特色的基础上，真正地根植于村民日常生活，实现乡土文化的创新与发展。只有这样，才能真正实现乡村文化的独特魅力和价值，为乡村全面振兴提供强有力的文化支撑。

第三章 中国乡村文化建设中生活追求的历史脉络

在历史的长河中，国家对于民众生活干预和保障的理念、方式及路径不断地传承、演变与创新。对于近代以来各个时期国家干预和改造乡村民众生活的历史脉络进行梳理，不仅有助于深入理解乡村文化建设的演变轨迹，而且能揭示其中蕴含的合理元素和基本经验。这些经验不仅为我们提供了宝贵的历史借鉴，而且为新时代乡村文化生活化建设指明了方向。

第一节 近代中国乡村文化建设中的生活追求

20 世纪二三十年代，以梁漱溟、晏阳初为代表的乡村建设学派，发起了一场旨在救亡图存的乡村建设运动。他们提出进行文化建设，重构一种全新的社会组织结构，以此修复和振兴中华文化。乡村建设学派通过对农民进行知识教育，建立乡村组织，培育农民的公共精神，提倡"放足运动"解放女性的身体，推行禁毒、禁赌等措施，净化乡村的文化环境，从而达到对农民和乡村的双重改造。

一、乡村建设学派生活化内容

乡村建设学派从"人"与"乡村"两个维度入手，提出了对农民进行系统化、现代化教育的方案。他们不仅致力于提升农民的个人素质，而且更着眼于改造农民的生活方式，营造积极向上的社会和文化氛围。通过这一系列举措，乡村建设学派努力推动乡村社会生活共同体的建设，为实现中华民族伟大复兴的宏伟目标贡献力量。

（一）结合农民生活实践开展教育

乡村建设学派深刻认识到教育在培育乡民、推动乡村文化建设进程中的重要作用。他们主张通过知识学习，提升乡村民众的文化素养和综合能力，进而促进乡村文化的传承与创新，实现乡村社会的全面进步。

该学派强调教育应紧密结合乡村文化的特点和农民的生活实际。他们提出，教育内容不仅要涵盖传统文化知识，还要注重传授与乡村生活密切相关的实用技能和现代科技知识。晏阳初与中华平民教育促进会致力于以"除文盲、作新民"为核心，从全民生活角度出发，对广大民众实施文化艺术、生计、卫生及公民等多方面的教育。[1] 陶行知则主张紧密结合乡村社会的实际环境与状态，以及当地文化特色，构建具有生命力的乡村教育体系，培养学生改造自然和社会的能力。他强调，若教育与农村生活世界相脱节，那么教育将变得空洞、无益且消耗资源；反之，农村若缺少教育的支撑，也将失去持续发展的动力与媒介。[2]

（二）以儒家伦理重建组织生活

中国传统农村社会的显著特征是封闭的自给自足的地域性社会。在这种社会结构下，农民与外部世界的联系相对有限，村落往往成为他们生活的全部。[3] 每个农户家庭都是一个独立的生产和管理单位，他们在自己的土地上默默耕耘，维持着一种分散、宁静而安定的生活方式。同时，中国农村社会自古以来就有合作互助的传统，这种互助精神在农民生活中发挥着不可或缺的作用。然而，这种互助行为往往局限于较小的范围，具有鲜明的时

---

[1] 晏阳初.平民教育与乡村建设运动 [M]. 北京：商务印书馆，2014.

[2] 梁淑美，司洪昌.对陶行知乡村教育思想的评述与反思 [J].国家教育行政学院学报，2009（11）.

[3] 徐勇."再识农户"与社会化小农的建构 [J].华中师范大学学报（人文社会科学版），2006（3）.

节性和关系性特点，并未能进一步发展为一种常态化的农民互助和公共生活模式。因此，建立组织是乡村建设学派复兴乡村文化的关键一步。乡村建设学派认识到，在乡村社会中，个体与个体之间的联系较为松散，缺乏一个强有力的组织来凝聚人心、整合资源。因此，他们倡导通过建立各类乡村组织，如乡民自治会、乡村合作社等，加强乡村民众之间的联系与沟通。这些组织不仅为乡村民众提供了一个共同参与、共同决策的平台，也为乡村民众提供了一个共同维护乡村文化、传承乡村精神的空间。

儒家伦理在中国乡村社会重建组织生活中起到了至关重要的作用。儒家伦理强调人与人之间的相互尊重、和谐共处，以及家庭和社会的责任担当。这种伦理观念与乡村社会的生活方式和文化特点都高度契合，乡村建设学派主张在乡村组织的运行过程中，融入儒家伦理的价值观和行为规范，引导乡村民众树立正确的道德观念和行为习惯，从而团结起来形成超出个体之外强大的集体力量。梁漱溟在山东邹平建立起"道德协会"并每日开展"朝会"，通过每日的"朝会"，村民们聚在一起，唱歌、喊口号，听取学校领导或老师的讲话。在歌声和口号中，农民们逐渐形成了共同的价值观念和行为准则，增强了彼此之间的凝聚力和向心力。[1]这种独特的农民组织方式，旨在将农民的生活提升到更高

---

[1] 顾红亮. 梁漱溟的儒家修养话语体系 [J]. 孔子研究，2018（4）.

的层次，强调个人与集体、家庭与社会、乡村与国家之间的紧密联系，激发农民对国家、集体、家庭和乡村的责任感与归属感。农民们不再是孤立的个体，而是成为一个紧密团结的整体，从而推动他们共同关心乡村的建设和发展。

（三）以新文化重塑文明生活方式

近代中国乡村建设学派坚决主张改革乡村陋习，力图通过敦化风俗来培育一个独立自强的社会，寻找民族建设的出路。这一主张不仅是对乡村文化的一次深刻反思，更是对乡村生活方式的全面革新。乡村建设学派深知，诸如吸毒、赌博及女子缠足等陋习，不仅严重侵蚀着农民的身心健康，而且也阻碍了乡村社会文明的进步。因此，他们积极发起改革实践，旨在从根本上改变这些根深蒂固的陋习，为乡村社会注入新的活力。在邹平实验县，乡村建设学派综合运用法律与劝导两种手段，对陋习进行了深入改革。他们制定并实施了严格的禁毒禁赌法律，对违法者进行严厉惩处，以此威慑地方上的不良风气。同时，他们还通过广泛的宣传和教育，引导农民认识陋习的危害，鼓励他们摒弃旧俗，拥抱新生活。尽管在改革的过程中，乡村建设学派遭受了来自地方势力和既得利益集团的强烈反对与阻挠，但学派成员始终坚守信念，不为所动。他们深入农民家庭，与农民们面对面交流，了解他们的需求和困惑，为他们提供帮助和指导。在学派成员的不懈努力下，农民们逐渐觉醒，认识到陋习给生活带来的种种危害，并积极寻求改变。禁毒禁赌的成功实施，不仅帮助农民摆脱了不良嗜好的困扰，而且让他们能够更专注于生产劳动，从而促进家庭经济的积累。这样做有效地减少了因陋习引发的家庭矛盾、邻里纷争和社会冲突，为乡村社会营造了一个更加和谐稳定的环境。农民们开始更加注重家庭教育，培养子女的良好品德和行为习惯。乡村社会风气焕然一新，人们的精神面貌也发生了翻天覆地的变化。

在乡村建设学派的倡导下，"放足运动"逐渐深入农村社会的每个角落。农村妇女组织成为这一运动的重要力量，组织成员热情投身于乡村建设活动，积极协助乡村组织对妇女"放足"情况进行调查，对于那些仍坚持缠足的妇女耐心劝导，努力使她们认识到放足的重要性，并鼓励她们积极改变旧有的习惯，共同推动乡村的文明进步。这些妇女组织不仅发挥了监督作用，更成为移风易俗活动的积极参与者和推动者。[1]在"放足运动"的影响下，农村女性的生活方式和思想观念都发生了显著变化。她们逐渐摒弃了传统的束缚和偏见，开始追求更加自由、平等的生活。女性参与社会活动的机会增多，她们在农业生产、家庭管理、文化教育等方面发挥着越来越重要的作用。同时，女性地位的提升也带

---

[1] 徐秀丽.民国时期的乡村建设运动 [J].安徽史学，2006（4）.

来了家庭关系的和谐与社会的稳定。

乡村建设学派通过"放足运动"不仅改变了农村女性的身体状态，更重要的是为她们打开了通向新世界的大门。女性开始认识到自己的价值和潜力，逐渐摆脱了传统角色的束缚，成为乡村社会建设的重要力量。这一变革不仅为乡村社会注入了新的活力，也为中华民族的发展带来了深远的影响。

二、乡村建设学派的主要贡献与时代局限

近代以来，乡村建设学派以其独特的视角和理念，为乡村文化建设和发展开辟了一条崭新的道路。这一学派在理论上进行了深入的探索，通过制订系统的行动计划，将理论知识转化为实践行动，为乡村社会的整体进步作出了重要贡献。但其倡导的通过"改良式"手段进行的社会实验，由于缺乏深层次的制度变革和社会结构的调整，最终难以持久地推动乡村社会的全面进步。

（一）主要贡献

首先，乡村建设学派以系统化的理论推动了乡村文化建设生活化探索的进程。乡村建设学派制订了一套详尽的行动计划，旨在全方位地培育新型农民，建设现代化的新乡村。在这一过程中，该学派不仅关注农民文化知识的提升，而且致力于其精神生活的

重塑。通过综合性的实践内容，乡村建设学派成功地引导农民从传统的生计方式向现代生活习惯转变，成为具有现代意识和能力的"新民"。在乡村层面，乡村建设学派提出了一个全方位、多维度的改造蓝图，涵盖了农业生产、旧习俗改革、卫生保健及学校建设等多个方面。他们通过推广先进的农业技术来提高农业生产效率；通过改革旧习俗提升乡村社会的文明程度；通过加强安全防卫和卫生保健工作，保障农民的生命安全和身体健康；通过建设学校等教育机构，为乡村社会的长远发展奠定人才基础。这种对个人和乡村的双重改造，为国家建设奠定了坚实的基础。

其次，乡村建设学派在实践中进行了大胆尝试与探索。他们通过设立"乡村建设实验区"，将理论知识转化为实践行动。这些实验区在农业技术推广、农民教育培训、乡村组织建设等多个方面进行了有益的尝试。通过这些实践行动，乡村建设学派成功地改善了乡村社会的生产条件和生活环境，提高了农民的文化素质和生产技能。在乡村建设的实践中，乡村建设学派尤其注重组织协作的力量，通过乡学、村学、民校、合作社等组织形式，将分散的农民紧密地团结在一起，促进了农民之间的经济与社会合作，为乡村自治和秩序稳定提供了有力保障。乡村建设学派所描绘的新型农民合作互助生活图景，不仅是对传统乡村生活方式的突破，更是对中国社会组织结构重构的积极探索。

（二）时代局限

首先，尽管乡村建设学派在理论上进行了深入的思考和系统设计，但理论设计与乡村建设实践之间仍存在明显的差距。这种差距缘于知识分子在思辨性理论研究上的优势与对乡村实际情况的把握不足之间的矛盾，导致一些观点难以完全适应乡村社会的复杂性。这使一些实践行动难以取得预期效果，甚至在某些情况下产生了负面影响。这种理论与实践的脱节不仅影响了乡村建设的效果，也制约了乡村建设学派的发展。

其次，乡村建设学派在推广和实践过程中面临资源匮乏的困境。在当时的历史背景下，国家处于动荡和变革之中，乡村建设运动往往难以获得足够的资金、技术和人才支持，这使乡村建设学派的实践成果难以在更大范围内推广和应用。同时，由于外部环境的不断变化和政策的调整，乡村建设学派也面临着来自各方面的压力和挑战。

最后，乡村建设学派与农民之间的关系不太紧密。尽管该学派试图与农民建立互动模式，但由于缺乏对农民需求和期望的深入了解，二者之间的交流障碍重重，难以形成有效的合作与信任关系。这就使农民对乡村建设运动产生抗拒，从而影响乡村建设的推进。

第二节　中国共产党领导乡村文化建设中的
生活化探索

中国共产党自诞生之日起，便深植于我国广袤的乡村土壤，积极投身乡村文化建设实践，形成了具有中国特色的乡村文化生活化探索路径，推动乡村社会和乡村文化发生了重大改变。

一、以革命生活为基调的乡村文化建设

（一）土地革命时期破除封建思想的文化建设

在土地革命之前，中国社会的封建传统根深蒂固，严重影响了人民的生活和思想解放。为了改变这种状况，中国共产党自成立之初便肩负起传承改造传统文化、吸收创造新文化的使命。在土地革命时期，文化建设更是被赋予了特殊的意义。通过文化建设，唤醒了人民群众的觉悟意识，提高了他们的组织化程度，为实现民族独立和人民解放贡献力量。

在革命生活伦理价值观塑造方面，扫盲教育和思想启蒙成了重要任务。为此，中国共产党广泛开展了丰富多彩的教育活动。小学、夜学、识字运动等如雨后春笋般兴起。这些活动旨在帮助

广大农民群众开启智慧的大门，提高他们的文化素养。在这些活动中，农民们不仅学会了读写，更重要的是他们接触到了先进的思想和理念。同时，中国共产党通过这些活动，向农民传授科学知识和卫生知识，让他们认识到健康生活的重要性，以及科学思维的力量。在这个过程中，农民们逐渐树立了科学的世界观和价值观，精神生活有了新的活力。

为了满足人民群众日益增长的学习需求，中国共产党在苏区积极创办各类学校与培训机构。江西省苏维埃政府于1934年3月公布的统计数据充分展现了当时苏区教育事业的蓬勃发展。在短短的时间内，会昌、寻乌、兴国等14个县共同创办了3052所列宁小学，在校生共计89710人。这不仅为当地的孩子们提供了接受教育的机会，也为苏区培养了一批有知识、有文化的新青年。[1]之后建设的学校和机构涵盖了从基础教育到职业培训的各个层次，不仅注重传授文化知识，更强调培养学生的实践能力和创新精神。通过实验教学、实地考察等方式，学生们得以将所学知识应用到实际生活中，提高了综合素质和竞争力。为了扩大中国共产党的影响力，宣传党的方针政策，中国共产党大力发展新闻和出版事业。在苏区，中国共产党创办了多种报纸、杂志，出版了多种书籍，通过这些出版物，人民群众能

---

[1] 江西省教育学会. 苏区教育资料选编[M]. 南昌：江西人民出版社，1981：97.

够及时了解国内外的形势和政策动态，增强了对中国共产党的信任和支持。同时，这些出版物也传播了先进文化，丰富了人民群众的精神生活。

在推动农民健康生活行为养成方面，中国共产党积极倡导文明新风，反对封建迷信等落后思想。通过举办文化下乡、开展农民运动会等方式，引导农民群众摒弃不良习俗，树立文明新风。通过这些实践，中国共产党成功地将先进的思想和文化传播到了苏区的每一个角落，为革命的胜利奠定了坚实的思想基础。这些举措不仅提高了农民群众的文化素养和思想觉悟，也为农村社会的健康发展注入了新的活力。这一阶段的乡村文化建设，走出了一条全新的道路，并在此基础上创造出了新乡村风貌。

（二）延安时期面向大众的文化建设

延安时期，中国共产党对乡村文化建设进行了深入而全面的推进。这一时期的乡村文化建设不仅进一步丰富了农民的精神生活，也为革命斗争提供了有力的文化支撑，同时奠定了后来乡村文化发展的坚实基础。

首先，为了塑造民众的革命价值观，中国共产党通过举办一系列文化活动，深入宣传革命思想。在延安，农民自发组织起秧歌队、社火表演等，用欢快的舞蹈和激昂的歌声表达对革命的支持。这些活动不仅让农民参与其中，感受到革命的力量和温暖，也让他们更加深入地理解了革命的理念和目标。同时，文化工作者深入乡村，与农民面对面交流，了解他们的生活和需求，创作出一批反映农民斗争和生活的优秀文艺作品。这些作品通过生动的形象和富有感染力的语言，将革命理念深深植入农民心中，激发了他们的革命热情和斗志。

其次，推动民间日常生活艺术形式的创新和发展，大力繁荣乡村文艺生活。在延安，民间传统的社火、美术、戏曲等艺术形式得到了新的发展。文化工作者深入挖掘民间艺术的精髓，结合革命主题，创作出了一批具有时代特色的文艺作品。这些作品不仅展现了农民的生活和斗争，也传达了党的政策和革命理想。同时，中国共产党鼓励农民创作和表演文艺节目，让他们在参与中感受先进文化的魅力。广大农民用朴实无华的语言和真挚的情感，表达他们对革命事业的热爱和对美好生活的向往。

再次，中国共产党高度重视乡村教育的再发展，努力提高农民的文化水平，塑造革命伦理观。在陕甘宁边区，党组织制订了详细的文化教育建设草案，明确了教育普及的目标和措施，通过兴办学校、开展义务教育等方式，提高农民的文化素质。学校不仅提供了基础的读写教育，还注重培养农民的科学素养和阶级意识。此外，党组织还通过举办夜校、开展科普知识宣传等方式，让农民在劳动之余也能接受文化教育。教育的普及使广大农民逐渐摆脱了愚昧和迷信，树立了科学、文明的生活观念。

最后，中国共产党加强了对文化工作者的培训和教育。在延安，党组织举办了一系列培训班和研讨会，提高文化工作者的政治觉悟和业务水平。这些培训不仅让文化工作者更加深入地理解党的政策和革命理想，也让他们更加熟悉农民的生活和需求。通过培训，文化工作者能够更好地将革命理念融入文艺创作中，为乡村文化建设提供优秀的精神产品。

这一时期的乡村文化建设不仅为当时的革命斗争提供了有力的精神支持，也为后来的社会主义建设奠定了坚实的基础，对于推动整个乡村社会的文明进步具有深远的意义。然而，延安时期的乡村文化建设也遇到了一些挑战和困难。由于历史原因和客观条件的限制，一些偏远地区的农民仍然面临文化资源匮乏的问题。同时，一些传统观念和文化习俗也在一定程度上阻碍了乡村文化的发展。中华人民共和国成立后，中国共产党继续加大对乡村文化建设的投入力度，通过举办各种文化活动，不断推动乡村文化的繁荣和发展。这些举措不仅丰富了农民的精神生活，也为后来的社会主义文化建设提供了宝贵的经验。

二、以"改造生活"为主题的乡村文化建设

毛泽东同志在中华人民共和国成立前夕发表的讲话中深刻指出："随着经济建设的高潮的到来，不可避免地将出现一个文

化建设的高潮。"❶ 这一预见在新中国成立后的中国乡村，特别是人民公社时期得到了生动的体现。中国共产党在这一时期将文化建设视为与经济建设同等重要的任务，倾注了巨大的热情和努力。

在乡村公共文化基础设施建设方面，中国共产党通过兴建图书室、文化活动中心等场所，为广大农民提供学习、交流和娱乐的平台。同时，中国共产党还积极推动乡村广播电视事业的发展，让农民能够及时了解国家大事，拓宽了他们的信息获取渠道，并以此为载体宣传社会主义道德观念，倡导集体主义精神，引导农民树立正确的价值观和道德观。这些举措有效地提升了农民的道德水平，促进了乡村社会的和谐稳定。此外，中国共产党还高度重视乡村文化与技术教育的普及，结合农业生产生活实际，推广先进的农业技术知识，帮助农民提高生产效率和生活水平。

（一）乡村文化基础设施的建设

在中国这片广袤的土地上，农村文化设施的建设长期以来承载着丰富的历史内涵与深厚的文化底蕴。自新民主主义革命时期起，中国共产党就深刻认识到农村文化设施对于丰富农民日常生

---

❶ 中共中央党史和文献研究院.建国以来毛泽东文稿：第一册 [M]．北京：中央文献出版社，2023：15.

活、塑造村民伦理价值观的重要性，因此始终致力于其建设与发展。中华人民共和国成立后，面对百废待兴的局面，党和政府更是将农村文化基础设施建设摆在重要位置，倾注了大量的人力、物力和财力。毛泽东同志高瞻远瞩，提出了大力发展农村广播网的战略构想。❶通过广播这一现代化传播手段，将党的声音、国家的政策、先进的农业技术等信息迅速传递到农村基层，让广大农民群体及时了解国内形势与前沿发展。在党和政府的积极推动下，农村广播网迅速铺开。各级广播站如雨后春笋般涌现，广播喇叭遍布田间地头、村头巷尾。农民在劳作之余，可以聚在一起收听广播，了解新闻动态、学习农业知识、欣赏文艺节目。广播使农民群众逐渐认识到个人与集体、国家与民族之间的紧密联系，增强了他们的集体意识和爱国情怀，成为农民日常生活中不可或缺的一部分。

除了广播网的建设，电影放映队和地方剧团的组建也是乡村文化基础设施建设的一大举措。流动电影放映队的成立，让电影这一现代化的艺术形式走进了农村。放映队员们跋山涉水，将电影放映设备带到各个村庄，为广大农民打造了视觉和听觉的盛宴。剧团演员则积极响应党中央号召，深入挖掘农村传统文化资源，创作出一批反映农村生活、体现农民精神风貌的优秀剧目，

---

❶ 中共中央文献研究室. 毛泽东文集: 第6卷 [M]. 北京: 人民出版社, 2004: 475.

以戏剧、歌曲、快板等形式巡回演出，向农民群众传递正能量和积极向上的价值观念，有力地配合了农村的社会改造和移风易俗活动。同时，农民文化馆（站）、农村俱乐部和图书室等文化设施也在农村地区得到了快速发展。这些设施不仅为农民提供了学习、娱乐和交流的平台，还成为传承和弘扬农村优秀传统文化的阵地。

（二）乡村教育的发展

1958 年，毛泽东主席提出了一个影响深远的号召："教育必须为无产阶级政治服务，必须同生产劳动相结合。"[1]这一号召如同一股春风，吹拂着整个教育领域，引领着初中与高中的教学计划发生深刻变革。为了响应这一时代的号召，农业基础知识的课程被巧妙地融入了教学之中，乡村学校纷纷敞开校门，践行开放办学的理念，乡村教育焕发出了新的生机与活力。

乡村中学与半耕半读学校成为乡村教育的新星，照亮了乡村孩子们求知的路。这些学校教育不仅提供了丰富的知识，更让师生们有机会走出教室，深入田间地头，与农民们一起耕种，共同体验劳动的艰辛与收获的喜悦。1965 年，我国教育事业取得了显著成就。全国范围内，超过 4000 所半工（农）半读学校如璀璨

---

[1] 毛泽东. 毛主席论教育革命 [M]. 北京：人民出版社，1967：11.

的繁星，点亮了乡村教育的夜空。这些学校为青少年提供了丰富多样的学习机会，让他们在劳动中学习，在学习中成长。与此同时，乡村中学与其他职业中学的数量也达到了616000所，学生总数更是高达443万人。❶这些学校以耕读为特色，将教育与生产劳动紧密结合，为乡村孩子们提供了更加贴近实际生活、更加实用的学习内容。

党和政府还将目光聚焦于广大农村地区的业余教育。1964年初，教育部召开了全国业余教育工作会议，会议深入规划并部署文化、政治、技术教育三大板块的内容，明确提出农村业余教育的核心目标——服务于农民青壮年，通过写字、算账等基础教育，提升他们的文化素养，将时事政策教育与生产技术教育相结合，引导他们树立正确的政治观念，掌握实用的农业技能。这一目标的设定，不仅是对农民教育需求的深刻回应，更是对农村发展潜力的充分挖掘，标志着我国农村业余教育进入了全新的发展阶段。

从1949年中华人民共和国成立至1978年改革开放之前，中国共产党的乡村文化建设历经了波澜壮阔的变革。乡村文化建设的物质基础在土地革命、农业合作社和人民公社的推动下，发生了深刻的变化。这些变革不仅改变了乡村经济的格局，也为乡村

---

❶《中国教育年鉴》编辑部.中国教育年鉴（1949—1981）[M]. 长沙：湖南教育出版社，1986：469.

文化建设提供了有力的支撑。在这一阶段，乡村文化建设的内容丰富多样，思想教育、识字教育、农技推广和文艺创作等各个方面都得到了全面的发展。通过思想教育，农民群众逐渐树立了正确的生活伦理价值观，增强了集体意识和爱国情怀。识字教育的普及，使越来越多的农民能够读书看报，提高了他们的文化素养和知识水平。农机推广的开展，极大地提高了农业生产效率，减轻了农民的劳动强度，提高了农民的生活水平。而文艺创作的繁荣，则为农民群众提供了丰富多彩的精神食粮，丰富了他们的闲暇生活。

然而，我们也要看到，这一时期的乡村公共文化建设尤其是基础设施建设相对滞后。受限于集体经济的能力，许多乡村地区的公共文化设施建设进展缓慢，无法满足农民群众日益增长的文化需求。正是基于这样的历史背景，改革开放后中国共产党乡村文化建设开始转型。在继承和发展传统乡村文化的基础上，更加注重改善农民的文化生活。这一转型不仅助力了乡村文化建设，也推动了乡村社会的全面进步。

三、以改善生活为主题的乡村文化建设

改革开放的春风吹遍中国大地，在广袤的乡村地区，党和政府致力于构建一个和谐、文明且充满现代气息的乡村文化体系。

在这一过程中，农村公共文化服务供给被纳入了国家保障，民俗文化开始复兴，农民文明的生活方式进一步培育养成，乡村展现了新的精神风貌。

（一）深化乡村公共文化服务供给

自 20 世纪 90 年代起，全国各地积极响应党中央提出的精神文明建设的号召，不断深化对乡村公共文化建设的顶层设计与规划。各地积极行动，努力打造多功能文化平台，如村部活动室、青年民兵之家、科普活动室、村文化室与卫生室等，以满足农民群众多样化的文化需求。同时，国家还大力推进广播电视"村村通"等惠民文化工程，确保文化的普照之光能够照亮乡村的每一个角落。2002 年，国务院着重强调了因地制宜地建设乡镇文化站与村文化室的重要性，将其作为推动农村文化事业发展的重要抓手。这一举措进一步完善了乡村文化设施网络。到了 2007 年，国家出台《关于加强公共文化服务体系建设的若干意见》，将农村公共文化服务体系建设作为国家公共文化服务体系的重要组成部分，并纳入国家政策保障和法律法规框架。这一政策的出台，标志着农村公共文化服务体系建设进入了一个新的发展阶段。根据相关意见，国家明确完善农村公共文化设施，实施"村村通"工程、全国文化信息资源共享工程等一系列具有深远意义的举措。这些工程的实施，极大地改善了农村地区的文化设施条件，为农民群众提供了更为便捷、高效的文化服务，丰富了农民群众的精神文化生活。为进一步推动乡村文化的发展，2011年，党的十七届六中全会为乡村公共文化设施建设绘制了宏伟的蓝图。按照规划，我国致力于构建县、乡、村三级文化站点网络，确保广播电视、信息网络及图书资料等文化资源能够覆盖到每一个乡村角落。同时，国家还在县、乡及以下地区增设电影院、戏剧院等文艺演出场所，让文化的芬芳在乡村的广阔天地中弥漫开来。

（二）传统民俗文化复兴

随着改革开放的深入推进，中国社会发生了深刻变革。传统民俗文化作为乡村文化的重要组成部分，在改革开放的春风中重新焕发出蓬勃生机，成为乡村文化体系建设中不可或缺的力量。广大农民通过参与民俗活动，在加深对传统文化认同感的同时，还能够提升自身的文化素养和审美能力。民俗文化构筑起了社会成员共同信仰与情感体系的坚实根基，为乡村文化的传承与发展提供了有力支撑。

在这一时期，党和政府高度重视民俗文化的复兴与保护，出台了一系列政策措施以推动乡村文化的繁荣。1998年，《文化部印发关于进一步加强农村文化建设的意见的通知》，明确提出要促进农村社会主义物质文明和精神文明的协调发展，为传统民俗文化的复兴提供了政策指引。此后，各地积极响应，通过恢复传统节日庆典、举办民俗文化节等方式，推动民俗文化的传承与发展。春节、元宵节等传统节日，如同一条五彩斑斓的纽带，将村民们紧密地联系在一起。在这些节日中，村民们通过参与一系列庄重的仪式活动，如祭祖、祈福、舞龙舞狮等，加深了对传统文化的认同感，也为他们的日常生活注入了深刻的精神意义和价值追求。进入 21 世纪，国家对民俗文化的保护力度进一步加强。自 2006 年起，中央一号文件明确提出：保护具有历史文化价值的传统村落和特色民族村寨，推动传统村落的集中连片保护和利用。这些举措不仅为民俗文化的复兴繁荣提供了制度保障，而且为乡村文化的现代化转型奠定了坚实基础。

（三）培育文明生活方式

1981 年 2 月，全国总工会、共青团中央、全国妇联等 9 个单位联合发出一项重要的倡议——《关于开展文明礼貌活动的倡议》。这项倡议旨在引导全国人民特别是青少年以及乡村民众养成文明健康的生活方式，推动全社会形成崇尚文明、注重礼仪、保持卫生、维护秩序、恪守道德的良好风尚，其核心内容被概括为"五讲四美"文明礼貌活动。"五讲"，即讲文明、讲礼貌、讲卫生、讲秩序、讲道德。同时，倡议还提出了追求心灵纯净、语言优雅、行为得体、环境整洁的"四美"目标❶，以此作为文明礼貌活动的具体追求。文明礼仪的宣传工作首先在各大城市如火如荼地展开，随后逐步深入广大农村地区。各地积极响应，结合实际情况，采取多种方式进行推广和实施。有的地区制定了乡规民约，通过制度化的方式引导村民树立文明意识；有的地区则开展了建立文明村、文明家庭的活动，通过树立典型，激发群众的积极性；还有的地区大力表彰先进典型，通过评选优秀党员、模范干部、"五好社员"等方式，让先进的力量带动后进，形成比、学、赶、超的良好氛围。同时，对于违法犯罪活动，各地也给予了严厉的打击，警示人们遵守社会公德、维护社会秩序。这些举措的实施，使"五讲四美"活动在全国范围内得到了广泛的推广和深入的开展。

随着"五讲四美"活动的深入开展，全国开启了"三热爱"的全新篇章，即热爱祖国、热爱社会主义、热爱中国共产党。这三大热爱不仅是对祖国、对社会主义、对党的深深眷恋与坚定信仰的体现，更是对全体人民一次深刻的思想教育和精神洗礼。1983 年 3 月，为了进一步推动这一崇高活动的深入开展，党中央特别成立了"五讲四美三热爱"活动委员会。这一机构的成立，为全国文明礼貌活动的开展提供了有力的组织保障和领导力量。

---

❶ 人民日报社 . 全国总工会、共青团中央、全国妇联等联合发出倡议，在全国开展文明礼貌活动 [N]. 人民日报，1981-02-28.

各省、自治区、直辖市迅速响应，纷纷建立了相应的领导机构，共同为这一活动的深入开展保驾护航。全国各地的文明礼貌活动如火如荼地展开，无论是城市还是农村，学校还是工厂，机关还是社区，都掀起了一股学习文明礼貌、践行文明礼貌的热潮。人们纷纷行动起来，从自身做起，从小事做起，用自己的实际行动为这一崇高活动贡献力量。

在这一时期，中国共产党深刻认识到乡村文化建设对于推动农村社会全面进步的重要性，倾注了巨大的心血与智慧，通过深化农村公共文化的生活空间建设、推动民俗文化复兴形成文明的生活方式，推动乡村文化建设的生活化探索。农村公共文化服务供给逐渐完善，文化活动日益丰富，农民的文化素质得到了显著提升。乡村文化不再局限于传统的农耕文化，而是逐渐融入了现代文明的元素，形成了具有时代特色的乡村文化体系。

第三节　新时代乡村文化建设整体性生活化面向的提出

改革开放以来，为更好地促进乡村发展，党和政府实施了一系列政策。进入新时代，如何引导广大农民整体性适应现代生活，实现乡村文化生活化建设的可持续发展，仍是需要我们深入思考的问题。

一、对美好生活向往的整体性追求

党的十九大庄严宣告，中国特色社会主义已经迈入了崭新的时代。我国社会的主要矛盾也随之发生深刻转变，即由人民日益增长的物质文化需求同落后的社会生产之间的矛盾，转化为人民日益增长的美好生活需要和不平衡不充分的发展之间的矛盾。而早在 2012 年 11 月，习近平总书记便高瞻远瞩地指出："人民对美好生活的向往，就是我们的奋斗目标。"❶ 这一论断深刻揭示了新时代我国社会发展的核心问题，具体体现为：发展不平衡、发展不充分。解决这一核心问题，是新时代我国经济发展的关键任务，对于实现全体人民共同富裕、全面建设社会主义现代化国家具有重要意义。

马克思、恩格斯把人类的需求划分为三个层次，即生存需求、享受需求和发展需求。也就是说，只有当人们满足并解决了衣食住行这些维持人类生命机体正常运转的基本需求后，才会将享受需求和发展需求提上日程。生存需求属于较低层次的需求，而享受需求、发展需求则是人们追求自我提高和自我超越的更高层次需求。需求是具体的和历史的。在特定的社会发展阶段，随着历史条件的改变，人们的需求和满足的方式也会随之改变。随着我

---

❶ 中共中央文献研究室 . 十八大以来重要文献选编（上）[M]. 北京：中央文献出版社，2014：70.

国全面建成小康社会，人民生活水平不断提高，从生活层次上看，全国人民整体上已经超越了过去以物质生活需求为中心的生存阶段，进入享受生活、共享发展成果的发展阶段。中国共产党在新时代领导全国人民对美好生活的追求，是对人民群众更高层次需求的进一步满足，是对美好生活向往的整体性追求。

　　整体性是一种替代机械论的新范式。所谓整体性，是指各要素间的互动关系及其所呈现的总体结构特性。"美好生活需要"是一种综合性的范畴，也就是要从整体的角度来阐释其内涵，正如习近平总书记指出："人民美好生活需要日益广泛，不仅对物质文化生活提出了更高要求，而且在民主、法治、公平、正义、安全、环境等方面的要求日益增长。"❶ 由此，新时代人民对美好生活向往的整体性追求主要表现为以下六个方面：一是追求更高品质的物质生活。全面建成小康社会之后，人们的生活水平得到了很大的提高，对物质生活质量的需求也在不断增长。衣食住行各个方面，人们都对高质量的物质产品表现出了明显的需求。二是追求更环保、更健康的生活方式。随着生态文明建设的不断深入，人们对绿色生活要素，如空气质量、饮用水安全、湖泊和森林等自然生态追求越发嵌入日常生活理念之中。人们越来越意

---

❶ 习近平 . 决胜全面建成小康社会　夺取新时代中国特色社会主义伟大胜利——中国共产党第十九次全国代表大会上的报告（2017 年 10 月 18 日）[M]. 北京：人民出版社，2017：11.

识到，健康的生活方式是改善生活品质、实现美好生活的基本保证。三是追求更高水平的民生改善生活。随着物质生活资料的极大丰富以及人民科学文化素质的全面提升，就业、教育、医疗、社会保障等已成为人民群众高度关注的重要议题，其不仅关系人们日常生活的正常运转，也是新时代人民对美好生活需要的核心期待。四是追求更为公平的社会生活。随着我国社会主要矛盾的转变，人民对于公平、法治等社会价值观的需求呈现显著的增长趋势。五是追求丰富多彩的文化生活。文体生活是人们生活质量提高的一个重要体现。在日常生活中，越来越多的人参与公共文化生活，丰富的文化活动已成为人们追求美好生活不可或缺的一部分。六是追求安全稳定的生活。发展与安全既是国家层面关注的一个重要领域，又是新时代人民美好生活需要的一个重要方面。强大的国防力量是维护国家核心利益的根本保障，更是人民群众过上美好生活的基本前提。

二、朝向整体性生活化追求的乡村文化建设

近年来，国家在推进脱贫攻坚和社会主义乡村振兴战略的基础上，出台了一系列改善农民日常生活的新举措，旨在进一步提升农民的生活质量。移风易俗、美丽乡村建设、集中整治农村人居环境正在如火如荼地开展，乡村文化建设呈现了整体性生活化面向。

首先，朝向整体性生活化追求的乡村文化建设强调生活本位。随着物质条件的不断改善，广大农民对于绿色、健康、安全的生活方式更为渴望，同时也对更加便捷、高效的民生服务及丰富多彩的文体生活寄予了更高的期望。因此，乡村文化建设的生活化面向，不仅为国家满足农民多元化的生活需求提供了有力的支撑，更在深层次上促进了农民对美好生活的期望及其实现条件和能力的统一。这一面向致力于让农民在日常生活中能够真切地感受到美好与幸福，使他们在物质和精神层面获得满足与提升，获得感、幸福感、安全感均得到显著增强，从而进一步推动乡村社会的和谐稳定与发展。

乡村文化生活化建设是一项深入人心的工程，它必须深深扎根于现实生活，从乡村的点滴细节中寻找灵感和动力，并最终服务于广大农民的生活。传统的运动式治理理念往往将日常生活视为需要改造的对象，然而生活问题无法做到完整、精准地建构，日常生活体验也无法完全抽象或系统化。因此，当我们从生活实际出发推进乡村文化建设时，那种自上而下的治理模式将逐渐被颠覆，政策的制定将更多地源于农民的诉求和期待。在这个过程中，政策共识的达成不再只是纸面上的讨论和决策，而是深深扎根于农民的生活世界。乡村文化的生活空间规划、村庄生活伦理的塑造及农民日常生活行为惯习的养成，每一个细节都充满了生活的气息和温度。乡村文化生活化建设不再是一个冷冰冰的、需要用指标体系来衡量的客观问题，而是一个充满生机与活力的、与农民日常生活紧密相连的社会性问题。

其次，朝向整体性生活化追求的乡村文化建设尊重农民多元共存的生活状态，真正实现生活意义的建构。美好生活的本质是提倡生活自主性，鼓励农民活得更真实、更完整，但是自主性并不意味着提倡唯我论。米德提出，人的精神并非源自独白式的发展，精神和自我是由社会创造的。❶生活中的自我，并非孤立存在，而是始终处于与他人的关系网络之中。要真正理解并实现生活自主的理想，我们必须将自己置身于与他人的共同存在场域中，通过与他人的交往与互动，不断完善和塑造自我生活行为与生活伦理。在不同的社会环境中，生活呈现多元的面貌，它并非只受单一目的和选择的束缚。随着情境和阶段的转变，生活的追求和内容也在不断地演变与丰富。因此，新时代的乡村文化生活化建设必须秉持包容与多元的理念，广泛吸纳各种文化元素和生活经验。在这样一种包容的治理情境下，生活的本来面貌得以完整保留，其丰富多样的内容得以充分展现，从而让每一位乡村居民都能在其中找到生活的真谛，实现生活的意义。

最后，朝向整体性生活化追求的乡村文化建设形塑了共融共生的社会关系，有助于推动多元治理主体之间的紧密合作。尽管

---

❶ 米德.心灵、自我与社会 [M].赵月瑟，译.上海：上海译文出版社，2018.

效率和竞争在推动社会进步中发挥着重要作用，但我们也必须警惕其潜在的负面影响。一旦竞争性过度侵入生活领域，成为生活世界的主宰，它将严重挤压道德的空间，导致个体行为趋于功利化，甚至不惜采用一切手段以达成目的。这种趋势若持续下去，必将导致整个生活世界的崩塌。共融共生观念的形成，并非单一因素所能促成，而是个人与组织、国家与社会、人与自然等多重因素交织作用的结果。这一观念强调多元主体间的合作与协同，成为推动社会进步的重要动力。在新时代乡村文化生活化建设中，我们尤其倡导多元主体平等协商与共建。正如社会建构论所言，我们对世界的认知源于人与人之间的社会关系。在这种关系中，个体与社会并非孤立存在，而是相互依存、相互影响的。因此，相较于相互隔离与对抗，我们更倾向于相互沟通与协作。多主体的合作过程，正如一部精心编排的交响乐，不同乐器各司其职，共同感受并回应着周围环境的节奏与情感，最终汇聚成一部和谐美妙的演奏作品。不同的行动主体根据自己的人生经历和特定的情感体验参与乡村文化生活化建设，在与他人的互动中进行自我反省，从而产生合作行动。这一过程不仅形塑了多元主体共融共生的社会关系，而且也展现了新时代乡村文化生活化建设的独特魅力与深远意义。

第四节 乡村文化生活化建设探索总结

国家干预和保障乡村社会生活的主题，贯穿于从传统中国到新中国成立以来的整个乡村文化建设进程。在长期的历史演化过程中，国家对人民生活的干预与保障的观念、方法、途径等不断地进行着传承、变化和创新，形成了独特的从以革命生活到改造生活再到改善生活为主题的乡村文化生活化探索进程。近代乡村建设学派虽开展了诸多社会改良实践，但其生活化探索因未能触及传统社会结构的深层根基而成效有限。中华人民共和国成立后，通过乡村教育和集体化运动，农村生活方式实现了突破性变革。改革开放以后，国家逐步调整治理方式，逐步放宽了对农民私生活领域的介入。近年来，随着脱贫攻坚、社会主义新农村建设、乡村振兴等重大战略的相继出台和持续推进，国家为改善农民生活实施了一系列新举措，充分整合人力、财力和政策资源，以精准施策的方式集中攻坚农村中的突出问题。

中国特色社会主义进入新时代，从生活层次上看，人民整体上已经超越了过去以物质生活需求为中心的生存阶段，进入享受生活、共享发展成果的发展阶段，国家有能力也有条件"反哺"农村。因此，党领导全国人民追求"美好生活"，是对人民群众更高层次需求的进一步满足。新时代乡村文化生活化建设的目标并不局限于农民的物质生活保障方面，而是深入农民日常生活的每一个细微角落，触及其思维观念与行为惯习的深处，力求促进农民日常生活行为惯习的根本性转变。这一目标的实现，必须回归农民日常生活世界，以整体性生活化面向为追求，推动乡村文化建设的深入发展。

乡村文化生活化建设尊重农民多元共存的生活状态。在这样一种包容的治理情境下，生活的本来面貌得以完整保留，丰富多样的内容得以充分展现，让每一位乡村居民都能在其中找到生活的真谛，实现生活的意义。

第四章 新时代乡村文化生活化建设经验探索

新时代乡村文化生活化建设强调生活本位。在追求美好生活的向度方面，广大农民的需求与国家治理的方向是一致的。农民并非完全被动的客体，而是积极地回应国家对其生活世界的建构。国家如何介入农民日常生活并有效引领乡村文化的良性发展？在此过程中，农民又作出了何种回应？本章基于乡村文化的生活空间规划、村庄生活伦理塑造和农民日常生活行为惯习的养成三个维度进行考察和审视，以期总结新时代乡村文化生活化建设的宝贵经验。

第一节 生活空间规划层面乡村文化建设

传统村庄的日常生活空间，不仅是一个简单的物理场所，更是农村居民在日常生活中进行各种重复性、必要性生活行为的基础场域。在这个空间里，居民们或耕作田地，或饲养家禽，或进行各种社交活动，从而构建了一个充满生机与活力的生活世界。一方面，在社会生活中，居民的日常生活表现为一种流动性，他们每天不停地在居住地、工作点、消费空间等各种场所之间穿梭。这些活动的产生地点，构成了日常生活的物理空间。另一方面，日常生活空间作为一个整体性概念，并不局限于这些表面的、物质的场域，更加强调其蕴含的丰富的文化样态，即反映农村居民生活方式、价值观念和精神风貌的文化属性和社会属性。在这一空间场域，人们通过共同的生活实践和文化传承，形成了一种具有特殊的道德、情感内涵的社会联结形式。这种联结形式将人与人之间的亲密性、社会的凝聚力与融合性紧密结合在一起，使人们在日常生活中获得了道德上的确定性和本体安全感。这种安全感既来自对生活的深刻理解和把握，也来自对村庄、集体的认同和归属感。可见，传统村庄的日常生活空间是一个充满生活气息和文化底蕴的空间，它既是农村居民生活的场域，也是他们精神世界的寄托。其强调"公共性"是他们关系网络和精神文化的交汇之地，蕴含着深厚的乡村记忆与秩序，体现了乡村共同体的精神追求与文化需求。

农民参与公共文化服务的场域，如宗祠、文化活动中心、乡村图书馆、文化广场等，都是乡村文化生活的重要载体。在乡村文化的生活空间中，国家意志通过一系列文化共同体的表征符号，与乡村本土文化形成了和谐共生的交融态势，共同孕育出乡村日常生活中的人际互动仪式。这些仪式，如同一座座桥梁，连接着每一位村民的心灵，成为提升村民集体意识和社会认同感的重要引擎。从互动仪式链的角度来看，乡村文化的生活空间情感生成展现了全新的维度，农民的情感需求和文化行为逻辑成为乡村文化发展的基石。因此，在各类公共文化服务活动中，通过精心设计的各种仪式性互动环节，激发了农民的主体意识，使他们通过行动支配和符号塑造参与乡村文化的建设。这些仪式性互动不仅促进了农民之间的情感交流，帮助他们形成更加紧密的情感共识，更在无形中塑造着乡村社会的生活伦理。此外，仪式的交互结构还具有将抽象的符号意义转化为农民具象化情感的功能。农民可以通过感性的、体验的方式，更加直观地理解和接受自上而下的公共文化活动。这种转化不仅满足了农民的文化需求，还实现了国家、社会的共同文化话语与乡村文化的有机结合。

一、乡村文化的生活空间是农民文化样态的体现

福柯认为："空间是一切公共生活形式的基础。"❶ 乡村生活空间，作为村民日常生活的舞台，承载着丰富的乡村记忆与文化内

---

❶ 高燕.论福柯的空间思维及其美学意义 [J].复旦学报（社会科学版），2024（4）.

涵。国务院《"十四五"推进农业农村现代化规划》明确强调，需立足乡村地域特征，科学合理规划农村生产生活的空间布局和设施建设。乡村文化生活空间不仅是村民居住、休闲、消费等日常活动的聚集地，更是一个多层次、地域复合体的空间体系，充分展现了人与土地之间的紧密关系。作为人居环境的外在展现，乡村文化的生活空间直观反映了乡村的生活品质与文化风貌，也是农民生产生活方式的直观体现。这一空间的形成，根植于农民的日常生产生活之中，蕴含着独特的空间布局和文化逻辑，是乡村文化不可或缺的一部分，见证了农民的智慧与创造力。在乡村文化生活空间中，农民特有的地缘性生活方式得以充分展现，人们在此频繁集聚、活动、交流，形成了独具特色的乡村社交与文化氛围。这种生活方式广泛存在于农民的日常生产生活中，凸显了乡村生活的独特魅力与活力。

哈贝马斯提出，沟通尤为关键，是驱动人们行动的核心动机之一。观察中国农村，我们可以发现，既有团体形式的盛大活动，如庙会、社火、龙舟比赛等，也有小型的闲暇聚会，如女人们围坐一起织毛衣，男人们相聚畅饮畅谈。在这些丰富多彩的活动中，人们面对面地交流，心灵相互碰撞，逐渐构筑起乡村社会独特的文化交流空间。这里是村民们的精神家园，也是乡村文化的传承与发扬之地。具体而言，乡村文化的生活空间由公共文化场所与私人交际场所两部分组成。在公共文化场所，人们能够自由地进入和交流关于乡村日常生活中各种见闻。例如，综合文化服务中心、大戏台、小剧场、文化广场等地方，为村民们提供了一个可以自由进入、自由交流的平台。村民们在这些地方分享着乡村日常生活中的点点滴滴，无论是村里的大小事情，还是个人的喜怒哀乐，都能在这里得到倾诉和共鸣。这些公共文化场所不仅是村民们互动交流的场所，更是乡村文化传承和发展的重要阵地。

近年来，随着乡村社会的不断发展，一些具有一定内部规则的私人交际场所也逐渐兴起。例如，L县M村的"红莓姐姐"女红学习小组，就是由女性村民自发组成的。每个星期，她们都会聚在一起，交流女红技艺，分享生活点滴。这样的私人交际场所，不仅为村民们提供了一个更加私密、更加深入的交流空间，还促进了乡村文化的多元发展。此外，乡村中还存在一些制度化组织与制度化活动，如集体打场、集体造林等。这些活动为村民们提供了一个共同参与的平台，让村民们不仅可以学到知识，而且能增加彼此的合作机会，从而建立起一种自然而又密切的联系。

乡村文化的生活空间，无疑是信息传播的核心地带。在这里，人们的互动与沟通是平等的，每一个声音都有机会被倾听，每一种观点都有可能得到尊重。这种互动方式，不仅让农民之间产生了强烈的共鸣，而且在无形之中凝聚起他们的共识，从而营造出一种普遍而深刻的认同感。公共意志和公共文化不再是强制性的灌输，而是以一种自然的方式被广大民众自觉接受与认同，成为他们日常生活中的一部分。这种认同感的形成，并非源于邻里间的闲言碎语，也非家族长辈的决定，更不是村"两委"决策形成的社会舆论。它更多的是源于农民们内心深处的共鸣和认同，是他们对乡村文化的热爱和尊重。通过精心构建乡村文化的生活空间，村民个体被有效地组织起来，从而凝聚成一个团结的整体。它就像一个文化网络，由一定的组织体系和农民活动共同建构，反映了当地的文化样态和精神风貌。

二、综合性文化服务中心：乡村生活物理空间营造的实践

国务院办公厅在 2015 年发布了《关于推进基层综合性文化服务中心建设的指导意见》，明确提出加强基层综合性文化服务中心建设的指导思想、基本原则和工作目标，旨在通过创新基层公共文化服务体系，进一步提升基层文化服务的质量和水平。农村综合性文化服务中心作为乡村精神文明建设的主要阵地，是关于乡村文化生活空间营造的一项实践创新。

综合性文化服务中心，作为农村公共文化服务不可或缺的一环，是农村群众精神文化生活的重要聚集地。它承载着组织和

开展乡村体育健身活动、文艺活动，普及和推广科学知识等多重使命，是乡村公共文化服务形式和内容的具象化。在打造"美丽乡村"的过程中，农村综合性文化服务中心扮演着至关重要的角色。为了保障其功能的充分发挥，配备完善的硬件设施和人员是必不可少的。硬件支持设施，如书籍资料、设备仪器、乐器器材等，为群众开展丰富多彩的文化活动提供了有力的物质保障。这些设施大多由政府提供，对村民免费开放，让广大农民群众能够享受到均等化的文化服务。同时，农村综合文化服务中心的员工也是其正常运转的关键。需要在规定的工作时间内坚守岗位，全面负责中心的各类相关工作。他们的工作内容广泛而细致，不仅要为群众提供图书借阅服务，还需要调试并维修多功能房间的设备设施，确保各项功能的正常运行。此外，他们还要负责保持中心环境的整洁卫生，为群众营造一个舒适的文化活动空间。

M村综合文化服务中心坐落在村中心位置，紧邻村委会，内设农家书屋、文化活动室、村史馆、文创作品展示馆，软硬件设施齐全。农家书屋建成后，面积近200平方米，各类图书、报刊300余册，图书涵盖科普、生活、红色经典、农业等各个领域。村党支部十分重视图书资源的更新，确保各类图书每年都能得到一定比例的及时更新，以进一步满足乡村民众日益增长的阅读需求。这些举措，有力解决了农民在购书、阅读、使用图书等方面所面临的难题，切实保障了农民的基本文化权益。同时，积极延伸"农家书屋"的服务功能，在文化活动室免费为村民开设油画、书法、插花、手工刺绣制作、摄影技术等培训班；举办"'书香砥初心 悦读砺使命'红色经典朗诵比赛"主题活动、"我爱阅读 100 天"读书打卡活动、"农民喜爱的百种图书"推荐活动、"影像中的和美乡村"和"奇妙阅读夜"等一系列新时代乡村阅读季活动。

在文化活动广场，无论是老人还是小孩，都乐于在此度过闲暇时光。每当傍晚时分，广场上便会热闹起来，妇女们成群结队地跳起广场舞，常常引来邻村的朋友们一起加入，共同享受这份欢乐。村党支部也会定期在广场上放映露天电影，让村民们在家门口就能欣赏到精彩的影片。广场的围墙上，更是别具一格，上面绘有色彩鲜明、图文并茂的宣传标语，如"讲党性、比奉献、树形象、促发展""忠诚、干净、担当"等，这些标语不仅传递了积极向上的价值观，而且也激励着村民不断向前。此外，还有"村规民约""文明规约"等条文，提醒村民遵守村规民约，共同维护乡村的和谐与文明。广场四周还安置了各类健身活动器材，方便村民们进行日常锻炼，提高身体素质。这里不仅是村民们休闲娱乐的地方，更是传承乡村文化、展示乡村风貌的重要窗口。笔者调研期间，正巧碰上村党支部放映电影《红色娘子军》，观看电影的村民很多。

我们村里经常放电影，多以红色电影或老电影为主，因为村里留居的老人比较多，他们对这类电影比较感兴趣，也看得懂。每次放映电影，大家热情还是很高的。我们村有网格员，提前会在村里发起投票，三部或者四部影片中选一部，大家投选出来的电影，自然都愿意看。放什么电影，要听老百姓的，他们喜欢看的我们才放。（访谈编号：CGB202305）

M村文化服务中心的建设根据农村实际情况，从满足村民的利益出发，以村民的日常文化需求为导向，准确定位，通过多种方式提升村民黏性，让村民从愿意走进来到愿意多走进来。综合性文化服务中心精心打造了"地方—活动—认同"的公共空间体系，这一创新举措在很大程度上增强了村民间的社会、组织及情感纽带。这一体系的建立，使原本相对"原子化"的农村社会结构得以凝聚，为村民们提供了更多的再团结契机。总之，在深化乡村社会联系、提升公共性、重塑村庄社会共同体以及推进乡村文化生活化建设等方面，综合文化服务中心发挥了积极作用。

我经常带孩子过来玩儿，村子里适合小孩课余玩的地方不多。政府真的很体恤我们，连小孩儿看的书都给我们准备了，节省了我们的开支。其实，真让我从兜里掏钱买书看，花几十块钱，我还真挺心疼的。在这里，大宝可以自己看看拼音故事书，小宝可以看看绘本啥的、看图认字啥的。这儿的工作人员比较年轻，是我们村的大学生，见多识广的，我们有话聊，我可喜欢听她说话了，等孩子的过程也不觉得着急。她（指向书屋的工作人员）还教我从"多多买菜"（App）上买东西，头一天下单，第二天就能来拿了，卫生纸啥就不用老去镇上买了。有时候想着反正得来取东西，正好把孩子带过来看看书，比在家看动画片强。有时候等孩子的时候，我自己也看。我读书少，就认识几个字，老早就结婚生孩子了。我最近经常在这看育儿书，因为我们是留守妇女嘛，就想着在家把孩子带好，把老人照顾好。书里说："父母是孩子最好的老师。"那我就不玩手机了，多看看书，给孩子做个榜样，以后也上大学、考研究生（笑）。（访谈编号：CM01202306）

农村综合文化服务中心是人类社会实践在人类意识与思想参与下产生的社会文化空间，它不可避免地参与到社会历史的构建过程中来，带有很强的政治与意识形态色彩。[1] 因此，在农村综合文化服务中心这一公共空间，既是新时代乡村文化生活化建设的重要维度，也是农村居民感知国家存在并在国家层面形成情感认同的重要载体。

---

❶ 王琳瑛.乡村文化空间形塑及其发展政策义涵 [D]. 北京：中国农业大学，2019.

"空间可达性"这一术语,在建筑学中常被提及,但在本书中,特指村民前往公共文化生活空间的距离与所耗费的时间。这一概念主要聚焦于空间的物理属性,侧重于衡量村民接近公共文化生活空间的便捷程度。然而,需要注意的是,空间可达性并不仅取决于空间的物理特性,收入、偏好、社会阶层等经济社会因素同样对其产生深远影响。因此,在评估公共文化生活空间分布的合理性时,虽然空间可达性是一个重要的量化依据,但也必须综合考虑这些经济社会因素,以确保评估结果的全面性和准确性。

> 我们过来都相对方便,我是经常过来的。这儿环境又好,是一个休闲的好去处,而且也不远,在村中心的位置,不像之前的老书屋,离我们还挺远的,一来一回得要40分钟呢,哪个会经常跑那里。现在好了,大家都方便,自然愿意过来看看书,或者在广场上坐着聊聊天、晒晒暖。(访谈编号:CM02202307)

> 我过去的次数不多,主要还是因为远。我们村是前年并过来的,位置在M村外围,而且村里人也不是太熟,毕竟不是一个村的,过来有点尴尬。(访谈编号:CM03202306)

在农村地区,特别是那些经过撤村、并村的自然村落,设置公共文化服务设施已成为一种普遍现象。但在确定空间区位时,不能简单地以行政村为单位进行嵌入，而是应当结合人口分布、村民需求等实际因素进行综合考虑。例如，在人口相对集中、公共服务相对紧缺的村庄，可以考虑增设单项公共文化生活空间，以提高这些地区的空间可达性水平。

三、"红莓姐姐"女红学习队：乡村社会组织形塑文化生活空间

杜赞奇对乡村公共组织的看法颇具深意，他坚信乡村公共组织并非孤立的个体，而是由乡村社会中众多组织体系及塑造权力运作的各类规范共同编织的复杂网络。在这个网络中存在着多种类型的组织体系，它们有的基于地域划分，承担着强制性的义务；有的则是因共同的兴趣和追求而自愿结成的联合体。除此之外，还有一些无形的非正式人际关系网，它们在潜移默化中影响着乡村生活的方方面面。在这样的网络结构中，任何试图追求公共利益的个体或团体，都必须遵循网络中的规则和逻辑，与其他组织和个人相互协作，共同推动乡村社会的和谐与发展。"正是文化网络，而非单纯的地理区域或其他特定的等级组织，成了乡村社会及其政治的参照坐标和活动空间。"❶乡村公共组织在这一文化

---

❶ 杜赞奇.文化、权力与国家：1900—1942年的华北农村[M].王福明，译.南京：江苏人民出版社，1996：13-14.

网络中发挥着举足轻重的作用。其中，社会组织作为其中的重要一环，以其规模小微化、情感交往频繁的特点，实现了熟人机制的情感联结，进而构建起了乡村的"微共同体"。这种微共同体，在维护乡村社会的和谐稳定、推动乡村文化的传承与创新方面，都发挥着不可替代的作用。

近年来，随着国家对乡村振兴战略的深入实施，社会组织在乡村振兴中的作用日益凸显。2022年5月，国家乡村振兴局、民政部联合印发的《社会组织助力乡村振兴专项行动方案》，更是明确要求搭建多层次、多领域的对接平台，推动供需双方的精准对接。志愿服务组织作为社会服务类组织团体的重要一员，其利他行为在传递爱心、传播文明方面发挥着重要作用。2017年，M村志愿者服务中心正式备案成立。通过搭建志愿服务平台、统筹志愿服务项目，一大批乡贤能人以及新村民"创客"被组织动员起来，为M村发展和建设提供接续不断的活力。

由于M村年富力强的男性村民大多外出务工，村里常住居民多为留守妇女、老人与儿童，留守乡村的女性大多承担着照顾老人与养育孩童的双重重任。在此背景下，2020年，M村志愿者服务中心发起了"红莓姐姐"乡村女性成长计划项目，致力于乡村女性成长，这一项目构建了一套涵盖通识、才艺和技能的课程体系，建立了戏曲、高跷、女红、摄影、园艺等兴趣小组，每位"红莓姐姐"按兴趣与喜好分组学习，由专业导师授课，增强技能。该项目还引导、支持女性创业，为乡村女性注入"生活之美、自然之美、自身之美"的自主发展能量。赋能是通过外部结构与力量的推动促使个体内部技能提升的一个渐进过程。空间赋能是民众自主参与空间生产能动性的体现。空间赋能可以有效调动乡村民众对乡村建设的积极性，对于在外务工人员的推力减小了，拉力变大了，满足了乡村民众对于美好生活的需求。"红莓姐姐"正是空间生产与空间赋能的典型场所。志愿服务组织的建立，一方面赋予寻常空间以活力，将远离乡村人口的资本生产空间从远方拉回眼前；另一方面为带活乡村经济贡献了力量，使留守在家的妇女找到了自身的动力与价值，以此重新获得了社会的认同感。

"红莓姐姐"乡村女性成长计划的负责人说道：

> "红莓姐姐"女性成长计划吸引留守妇女参与到乡村社会的经济、文化等各项事务中，帮助长期自我封闭的女性打开心房，向外界勇敢表达自己的需求，帮助留守妇女融入村庄共治。（访谈编号：CGB02202305）

丽君（化名，下同）在5个月的公益课堂上掌握了女红，成立了"M村红莓姐姐女红工坊"，与一群志同道合的留守女性，开辟手工定制、体验教学等创业渠道，还积极参与村务，成为村妇女议事会的一员。她从一个几年前足不出户的家庭主妇，悄然转变为一位筑梦乡村的新时代女性。她直言，自己就像是开启了"第二人生"。

> 我们几个人有时候就在我们自己家碰面，跟串门儿似的，有时候特别是开会的时候会去村里专门给我们安排的工作坊，那里材料、工具啥的更齐全，而且有其他兴趣小组的人，更热闹一些。我们有微信群，在群里一招呼，大家都到了。一起相互聊着天，嗑嗑瓜子，比自己一个人在家闷头做手工、看电视剧可舒服太多了。就算啥都不干，我们几个下午干完自己家里的活儿也喜欢在一起拉家常，谈天说地，日子不就这么一天天过的嘛。（访谈编号：CM04202308）

M村内留守女性因"红莓姐姐"志愿者服务队这个空间而聚集在一起。对于大多数留守女性来说，能够在同一个空间做手工或参加兴趣小组，最关键的原因在于"认识"与"熟悉"，这是一种天然的信任。乡土社会深深地根植于亲密无间的邻里关系和长期共同生活的土壤之中，每个人都在这种环境中相互协调与配合。社会联系不是短暂的、偶然的，而是经过岁月沉淀而日益变得更深厚。人们彼此间的熟悉程度，几乎达到了不言而喻、心照不宣的地步。M村的"熟人社会"在一定程度上迁移到了私密的家庭或者工作坊这个社会空间中，形成了一种独特的乡村志愿文化。

　　乡村志愿组织，宛如一颗孕育农村民主法治社会的"种子"，承载着深厚的希望与潜力。它作为政府与公民之间的纽带与桥梁，承载着连接双方、促进交流的重要使命。志愿组织的诞生，始终秉持着明确的宗旨与目标，建立起一套规范而严谨的组织制度。这套制度不仅规范了成员的行为，更确保了组织的稳定与高效运转。从更深层的视角来看，乡村志愿组织代表着一种自主协调、自我管理、自我发展的民间秩序，它超越了简单的组织形式，成为法治秩序的民间基石。农民在参与乡村志愿组织的社会活动中，通过严格遵守组织制度，深刻认识到行为规范对于组织发展的不可或缺性。他们在遵守中体会到组织的严谨与高效，从而自觉地接受并认同组织的理念，将个人发展与组织目标紧密结合，共同推动乡村社会的进步与发展。

　　此外，乡村志愿组织的培育和发展，也为农民提供了更多的参与机会和表达空间。它保护了农民的知情权、参与权、表达权等权利，使农民能够更加积极地参与到乡村社会的建设与管理中来。M村"红莓姐姐"女红工坊发起人丽君是村妇女议事会成员之一。她非常懂得留守妇女渴望实现自我价值、融入社会的心情。因此，除了日常生活中的组内沟通和帮助，她每月发起一次"星空会议"，收集"红莓姐姐"们想法和意见。在分享会上，大家或是民主选举兴趣小组组长，或是投票讨论怎么把兴趣作坊经营得更好，或是围着桌子吃着水果畅所欲言，分享或诉说自己家里的开心事儿或困难。会后，由丽君汇总"红莓姐姐"们的心声并积极向村党支部反映，为留守妇女们开辟了一个既轻松又温暖的"陈情渠道"。

> 我就出生在这里，前后几个庄子的人我都认识。之前也在外面做过活儿，但"金窝银窝不如自己的狗窝"，俺就觉得俺村好，俺村现在是真好。我们留守妇女的知识水平不高，但好在我们脑子不笨，有些东西也能学、能会。大家信任我，投我当小组长，那我不能让她们失望。我感受到了肩膀上的责任，而且我能为别人做点事感到很开心，是真的开心，比以前只在家洗衣、做饭、看电视，开心太多。（访谈编号：CM04202308）

孙艳曾是村里的一位"全职妈妈"，如今她成了"红莓姐姐"乡村女性成长计划的一名志愿者。

> 现在可不一样了，我一边忙着接订单，一边去周边教别的"妈妈"做女红。现在我面对媒体也不害羞了，自信也提升了，教别人的过程很有成就感。其他庄的妇女对我们都特别热情，还会给我采摘她们自己种的菜啊、果子啥的，其实我们自己种的都有，谁家都不缺这些个吃的，但就是很开心，日子过得非常充实。（访谈编号：CM05202308）

每到傍晚时分，M村社区广场上都是跳广场舞的人群。

以前跳舞，大家都是跟着网上自学。这两年，来自艺术团体的志愿者们定期指导我们学习民族舞、现代舞等各种舞蹈，大家学得可带劲了，甚至还参加了好几次正式演出。（访谈编号：CM06202309）

广场舞团队的马元英坦言，过去村社区的姐妹们休息时间常常聚在一起打牌、打麻将，如今都争相参加各类兴趣小组，打牌的人明显少了，家庭也更和谐了。

之前除了在家看电视剧，我们妇女还能干啥嘞，就相约一起打牌、打麻将，有的时候吧，输赢还会伤点感情。我们一坐打个4圈8圈的，搞得脖子啊，肩胛骨生疼。现在，广场舞有人教，好多人跳，讲真的，你不跳还显得你怪不合群。跳广场舞一段时间后，感觉真挺好，胳膊腿儿没之前那么酸疼了。我们还去合肥的那个大剧院表演，见大世面了，这辈子闭眼都没遗憾了。我家小孩还把我们演出的录像发到朋友圈，好多人都给我竖大拇指。（访谈编号：CM06202309）

农村志愿者组织所固有的"公益性、服务性、志愿性、利他性"等伦理特性，不仅满足了农民对道德文化的渴求，更以其贴近农民生活的方式，将道德观念传递给广大农民，使这些观念更易于被农民所接受和践行。农村志愿者组织在道德教育中扮演着举足轻重的角色，通过参与农民的日常生活，巧妙地将道德教育与社会实践融为一体，深化农民对道德规范的理解和认知。这种将理论与实践相结合的教育方式，使道德教育更加生动、具体，也更容易深入人心。此外，农村志愿者组织还发挥着道德规范和道德调控的重要作用。它们常常以不同形式构建起一个社会舆论体系，通过宣扬善举、褒奖积极行为、批评不道德行为或个人，有效地约束了村民的行为，促进了乡村社会的和谐稳定。当组织内部成员发生冲突时，农村志愿者组织还以共同利益为基础，本着求同存异的原则，通过细致入微的说理，引导双方理性对待分歧，寻求公正合理的解决方案。这种处理方式不仅化解了矛盾，也维护了组织的团结和稳定。

四、"丰收·喜乐会"：乡村文化活动活化空间表达

人类对生活世界有着本能的丰富想象，并在此空间中不断地创造着自己独特的生活意义。集体文化活动离不开乡村生活空间，在农民的情感和生活意义赋予下，产生了多种多样的集体文化活动行为，并以此为基础创造了特有的地域活动形式，从而在

稳定的乡村文化生活空间中，表现出一种"差序化"的方式和"恒常性"的存在。集体文化活动的意义化是以乡村主体的生活世界为中心生成的，同时服务于农民的日常生活需求，这说明在乡土生活逻辑下，集体文化活动意义化的生成是具有乡土生活逻辑和农民主体性逻辑关系的过程。

受市场经济的影响，城镇化进程加快，村民和村落之间的关系越来越疏远，村民之间的关系也逐渐离散。集体文化活动是乡村生活伦理维系与再生产的载体，在农民群体的心目中占有较重分量，担负着凝聚乡村共同体的责任。例如，M村借助村剧场文化大舞台，承办了"中华颂小品小戏名家进乡村""牡丹奖名家新秀送欢笑进社区""农民村晚""丰收·喜乐会"等集体文化活动。这些文化活动的出现体现了农民追求公共文化的自觉。他们从自身文化需求出发，建立公共文化生活空间，通过固定的空间和流动的形式，完成对农村公共文化生活的重塑和日常化实践。乡村文化活动以其开放包容、民间化的特点，以及自我组织、自我管理的形式，为每一位农民提供了参与的舞台。在这样的活动中，农民们不分你我，积极参与，共同构建着紧密而自然的联系。节庆时刻，家家户户喜气洋洋，自编自导自演文艺节目，不仅展示了乡村文化的魅力，在活动中更增进了彼此间的情感与认同。这样的文化活动，让乡村成为一个守望相助、和睦友好的公共社区，村民们在这里共同享受着生活的美好，传承着乡村文化的精髓。

M村的"丰收·喜乐会"是农民传承传统农耕文化，用自己的方式欢庆丰收、祝福祖国的一场精彩纷呈的"农业嘉年华"。

2019年的"丰收·喜乐会"，那是我们第一次举办。陶书记7月份的时候就给我们开村民大会，说约莫中秋节的时候村里要办大型活动，征求我们意见。我小的时候村里有个节庆活动，我们当地叫"摸秋"❶，不知道你们可晓得，就是大家一起串串门儿，老人说可以求子。这么多年都不搞了，想想热闹热闹也好，农民不就是跟着节气过日子吗，于是大家就都同意了。9月份的时候，就有志愿者过来了，村里说每户都把家门口装饰一下，然后每户再出个节目。在那个小剧场里，有个戏台子，每个人都上去表演。装饰房子，这事儿我能干，唱歌跳舞我哪照（行）呢，那不能行啊。当时是这样讲、那样讲，说是一起玩玩，娱乐娱乐，赛后还有奖品，我想着天天跳广场舞，试一下，我家那口子也让我去看看，就去了。去了之后一看，都是我们邻里邻乡的，熟啊，说叫我们踩高跷，那个高跷到我小腿，我哪里敢嘞，我不敢，我就又打退堂鼓了（笑）。但我儿子鼓励我去学，我就学学看。教我们的老师是李主任，性格好得不得了，大家都愿意跟她聊天，学习氛围一下子就上去了。节庆那天，我们

---

❶ "摸秋"是长江中下游地区在每年农历八月十五晚举行的一种祝愿得子的传统活动。

高跷队出来的时候，游客们都鼓掌叫好啊！我的天，热闹得很，我走得很有劲。（访谈编号：CM07202309）

可以看出，高跷梦想队的成立，无疑为农民们的生活注入了新的活力。它不仅让农民们的身体得到了锻炼，强健了体魄，而且更丰富了他们的闲暇生活。文艺队的成员们，在为自己的小团队带来快乐的同时，也通过精彩的表演，为广大的农民群体带来了欢声笑语，让农民们感受到身心的愉悦，享受到生活的快乐。更重要的是，高跷梦想队这一集体文化活动，为乡村社会营造了一种健康、积极的精神文化氛围。

农民可以按照自己的意愿，参与 M 村开展的众多集体文化活动。在乡村文化建设中，所有外来的助力与支援，其核心作用在于引导农民，激发他们作为主体的内在变革力量、创造性与主动性。外来力量应当扮演的是引导者和辅助者的角色，而非主导者或管理者。一旦外来力量越俎代庖，成为乡村文化建设的主体，那么农村自我成长的力量就无法真正得到释放，乡村也可能因此产生对外部力量的过度依赖。

我们村每家都会派个代表参加村晚会，到时候从村口开始就在树干和树枝上挂红灯笼和红彩带，处处张灯结彩，过节的气氛格外浓厚。如果不参与进去，只当个观众，觉得不过瘾啊。我们村党支部充分动员，坚决尊重个人意愿。农民其实是很开心的，你想想，他的邻居、朋友都参加了，日常大家一起排练，日子过得充实。而且他们自己排的节目，大多都是来源于自己的日常生活。比如今年喜乐会上老李头跟老王头他俩整的那个情景剧，不就是说他家鸡跑错笼子了，进到老王头鸡笼子里去了吗。这才是他们真正喜欢的。你真给他们搞一些什么贝多芬交响乐，他们听不明白，也不咋喜欢。农民，就是喜欢踏实的、实实在在能摸着的东西，都是"过日子"嘛。晚会开始的时候我们都不用动员，一个个齐刷刷早早就到了场地占位置，邻居之间不都是这样吗，你捧我场，我肯定也是要支持你的。农民就是这样，简单淳朴，我们村民风很好的。（访谈编号：CGB03202309）

乡村文化的生活空间独具一格，其最显著的特点便是深厚的乡土性。这种乡土性不仅鲜明地展现在村民们对自然与土地的深厚情感之中，更深刻地体现在他们彼此间的相互依存和共同维护的乡土文化里，因此构筑了一个和谐共生的乡村社会。在这样一个充满乡土气息的生活空间里，村民们以自己的方式创造并传承着独特的文化。

　　我们老年合唱团并不追求严格的唱腔和规范的音色，与老年大学那种对声部、气息等技巧的严格要求截然不同。我们的原则非常朴实，只要你愿意开口唱，就可以加入我们的合唱团。（访谈编号：CGB03202309）

这种无拘无束的参与方式，正是乡村文化生活空间的最大特点。集体文化活动在乡村文化生活空间并非随意拼凑，而是与乡土文化价值取向紧密相连的意义化创造。这些活动不仅传承和演绎着乡土社会的文化精髓，而且成为生活空间中不可或缺的组成部分。它们通过唤醒农民的文化主体意识，构建农民的主体间性，从底层破解公共文化供需矛盾，实现了乡村文化产品的自我供给以及对乡村文化空间的再造与转型。

第二节　村庄生活伦理塑造层面乡村文化建设

一、村庄生活伦理的文化立场

日常生活具有明显的自发性、习惯性和情感性。人生于世，离不开衣食住行的物质支撑，这是生存之基。而人际关系的和谐与精神上的寄托，是人健康发展的必要条件。这些要素共同构成了人们的生活方式。生活方式并非简单的行为堆砌，而是经年累月地在人们日常生活中被反复践行，逐渐内化为人们的行为准则和价值观念。这些规则和价值取向，在时间的洗礼下，愈发坚定而深刻，它们深深植根于人们的意识之中，形成了一套相对稳定的行为规范和价值理念。这就是我们所说的大众化的生活伦理，它指导着人们的行为，塑造着人们的品格，成为人们生活的指南。

生活伦理的基本立场来自人们的生活需求和生活实践，其核心功能在于调和个体在私人生活与交往中所形成的人际关系，它是一种维护人类社会正常运转的基本规范。生活伦理作为指导日常生活的规则，主要由家庭生活伦理、社会公德和职业生活伦理三者构成。家庭生活伦理是一个家庭内部成员关系之间的行为规范，由严、慈、孝等家风和做"好人"家训构成。它既通过家庭成员之间各种行为方式加以表现，又在代际传承中构成一种情绪氛围。社会公德的核心是公共价值的确立，是处理乡村社会中人与人、人与社会关系时遵循的准则和道德，它在维护传统乡村社会秩序和调节人际关系方面发挥着举足轻重的作用。职业生活伦理是指村民在从事各项职业活动的过程中所依据的道德准则和行为规范，体现出不同行业和个体的价值取向、利益追求和义务责任，以及对从业者的行为实践甚至是个人的人格产生影响。

中国传统农村社会是以伦理为本的，它的特点就是以家庭生活伦理为核心，再把家庭生活伦理向外扩展，构成传统的伦理社会。费孝通认为中国社会存在一种"差序格局"，这一格局以血缘和地缘关系为基石，构建出复杂而有序的社会结构。"它不是一捆一捆的木柴，而是一圈一圈地向外扩散的涟漪，每一个人都处在他的社会影响力所推动的圆圈的中心，凡是被这个圆圈所影响的地方，都与之相连。"❶ 传统乡村社会秩序并非依赖于集团生活所孕育的公共观念、纪律习惯、法治精神，而是遵循生活经验、情感伦理、风俗习惯、行为规范、道德舆论等礼俗，遵循的是"熟人社会"的逻辑，以此形成了中国农村社会以传统的人情世故、风俗习惯为表现形式的村庄生活伦理。

中华人民共和国成立后，伴随着经济和社会的飞速发展，人们的日常生活发生了翻天覆地的变化，传统的农村社会生活伦理关系呈现解体的趋势。在人民生活水平不断提高和社会飞速发展的新时代，乡村迫切需要塑造一种符合现代社会发展与人民生活需求的新型乡村生活伦理。因此，生活伦理的提升意义重大。但是它的提升并非纯精神上的锻炼，还需要与具体的活动相结合，只有广大农民共同参与一些与他们日常生活紧密相关的文化项目才能实现。村庄所组织的集体性文化活动，不仅是维系与再生产村庄生活伦理的重要平台，更是村民们增强社会交往、深化对村庄认同的关键渠道。通过积极参与这些活动，村民们不仅拓宽了交际圈子，增进了彼此了解，而且还培养出了强烈的公共精神和责任感。

---

❶ 费孝通．乡土中国 [M]．上海：上海人民出版社，2006：118．

二、"九九重阳福安康"：孝道的传承与发展

家庭是乡村的基本单位，家庭本位的价值观构成了乡村基本生活方式的规范。"孝"作为儒家思想的核心理念之一，其"亲亲尊尊"的思想深深植根于传统村落秩序、宗族与家庭关系之中。它不仅是一种道德准则，更是凝聚家族或宗族群体共识的有力纽带。

孝道为乡村社会的生活秩序提供了坚实的支撑。它倡导尊老爱幼、和睦相处的家庭伦理，使乡村社会得以维系其精神秩序。孝文化逐渐成为农村社会的文化传统与心理模式，影响着一代又一代乡村居民的思维方式和行为准则。更为重要的是，孝文化在人伦纲常中蕴含的"内在超越"传统，使它在乡村社会伦理规范的进程中发挥了无可替代的作用。这种"内在超越"不仅体现在对家庭责任的承担和对长辈的尊敬上，更在于它引导人们超越个人利益，追求更高层次的道德境界。M村充分发挥"孝文化"在乡村文化生活化建设场域中的作用，构建了基于凝聚心理认同与价值共识的乡村文化共同体，为村庄生活伦理的塑造提供了强大的内在支持。

每年农历九月初九重阳节这天，M村"两委"和相关单位会向低收入户和"老寿星"分别发放慰问金，还要评选"好婆婆""好媳妇"，并同时举办"长桌宴"与尊老孝老的文艺演出。

这一演出活动自 2018 年开始已连续举办七届。重阳节当天，村剧场前的空地摆起长桌和板凳，桌角和椅子上会挂上各式的灯笼彩条，全村 55 岁以上的老人会被邀请参加"长桌宴"。本地村民或志愿者们都积极参与以"重阳孝老、邻里和睦"为主题的民俗文化节，如戏剧、舞龙表演、独唱、舞蹈、快板、模仿秀、二人转等。民俗表演开始之前，由村党支部书记公布"十大孝亲敬老道德模范"，让这些尊老、敬老的村民得到社会的广泛赞誉和推崇，让他们的善举成为村民学习的榜样。在参与推荐评选的过程中，乡村民众不仅能够感受到社会公德和家庭美德的力量，更能受到深刻的教育和启发。

> 我们非常开心啊，国家对我们好，孩子也孝顺，大家在一起好像集体过生日一般。而且村里还给我们每个老人分别拍照，都是志愿者给我们搞的，拍得好。（访谈编号：CM08202307）

劝人孝顺的庐剧《天下第一孝子》《过河》，是每年重阳必演的节目，深受村民的喜爱。每次登台献唱的史玲老师（化名）是一名戏曲爱好者，也是一名"新村民"。2017 年，她作为志愿者来到 M 村参加戏曲演出，与这里结下了不解之缘。

> 我觉得这里环境很好，适合老年人居住，就想在这

里开个饭店住下来，教周边的乡亲唱戏曲。（访谈编号：CM09202309）

史玲老师开办了三个戏曲班，学生最小的 5 岁，最大的 50 岁，她用了近两年的时间，实现了在乡村播种戏曲文化的梦想。

> 戏曲其实就是文化，它本就是礼乐文化的重要载体。刚开始我教大家唱戏，大多数是样板戏，《女驸马》啊这类脍炙人口的，这些戏曲能够传承下来都有它的道理，比如说孝顺父母啊、兄友弟恭啊，都是我们老祖宗流传下来的宝贵精神财富。你看我班里，小到五岁的孩子，大到跟我岁数差不多的老人，大家聚在一起，真的是一种无形的熏陶。现在我们有了自己的戏曲队，我们开始自己编戏文，基本上都是关于家庭啊、社会公德这块儿。我们刚刚把《村规民约》编成戏曲，唱出来朗朗上口。（访谈编号：CM09202309）

集体记忆，作为一种特殊的社会现象，指的是特定社会群体成员共同分享过去的经历与结果。通过集体记忆的展示，我们可以将其转化为一种具有深刻影响力的集体意志，这种意志能够约束群体成员的思想和行为。随着时间的推移，这种集体意志通过惯习、道德等多种形式，逐渐沉淀为一种权威的力量。这种力量不仅强大、深远，而且能够深刻塑造社会秩序，增强社会团体的凝聚力，使乡村社会在各个方面都呈现出一种积极向上的态势。保罗·康纳顿在《社会如何记忆》一书中深入探讨了集体记忆与集体身份构建的内在机制。他认为，这一过程并非简单地强制灌输，而是依赖于特定的仪式表演。❶这些仪式表演，就像是一部部生动的历史画卷，将过去的形象和记忆传递并保留下来。它们巧妙地将历史场景融入当下的叙述框架之中，以别具一格的方式固化集体记忆，使其对现实产生意义。这种固化与保留的过程，不仅为群体提供了共同的记忆基础，而且在无形中奠定了群体归属感和认同感的重要基石，让每一个成员都深感自己是群体不可或缺的一部分。

"长桌宴"与主题文艺汇演、孝道人物评选这些仪式的展演，使孝道的形象与记忆在这一过程中变得鲜活而生动。那些原本隐而不显的孝道精神，如今也变得清晰可辨，如同被擦拭过的明珠，焕发出耀眼的光彩。"老吾老，以及人之老"渗透到人们的日常生活当中，从而影响村民的思维方式、道德追求和家庭观念，进而以道德品行、生活方式和风俗习惯等为外在表现形式呈现在大众面前。通过庄重而隆重的仪式表演，孝道这一传统美德得以在不同主体和不同时空之间流传与继承。它串联起乡村的过去与现在，逐渐构建出一段悠久而绵延不绝的乡村记忆。这些记

---

❶ 康纳顿.社会如何记忆 [M]. 纳日碧力戈，译.上海：人民出版社，2000.

忆深深沉淀在每个农民的心中，成为他们共同的宝贵财富。由此，关于集体的共同记忆得以形成，并汇聚成一种强大的凝聚性力量，塑造村民的孝悌精神，从而增强了村民对村庄生活伦理的认同。

三、"送学进乡村"：为社会培育公共善

乡村教育承载了深厚的文化底蕴和独特的价值追求，其源于一种特殊的知识体系——在地化知识。它不同于抽象的、概念性的理论知识，而是各民族在文化适应过程中的直接经验和技巧的集合，是对自然与社会的直接感知和领悟。在地化知识的内容丰富多彩，犹如一个巨大的宝库，蕴含着乡村生活的智慧和精华。从农事节气的智慧，到生态伦理的深邃；从宅院村落的特色，到农业景观的巧夺天工；从祖传家训的深厚底蕴，到乡风民俗的淳朴善良，这些都是中华文化的独特标签。对于乡村而言，本土知识不仅是一种知识的积累，更维系着当地族群的历史与集体记忆。乡村文化场域的变迁，使深深嵌入村民衣食住行、人情世故、生活礼仪等各方面的在地化知识与文化记忆弱化，成为村民"最熟识的陌生人"。村民间的面对面交往日益减少，邻里之间的关系逐渐从亲密变得疏远，甚至陌生；公众舆论的约束力逐渐减弱，传统的文化秩序和伦理价值观念

在时代的洪流中发生了巨大的转变。在这样的背景下，村民对农村生活的认同程度也在逐渐下降，村民们的闲暇时光私人化，主要依靠电视媒体与短视频消磨时间。据调查，M村有80%以上的年轻女性喜欢看电视剧，村民们的休闲生活感官化，社会公共之善发生场域受到冲击。

陶行知认为，教育能造文化。教育是文化的生命机制，其本质是传承文化。乡村教育就是要在这样的环境下，再现农村生活的美好，把现代教育融入乡村建设之中，重塑乡村民众正确的生活伦理观，最终达到建设现代化农村的目标。M村在面对留守群体所面临的困境时，积极寻求解决方案，特别针对留守老人、妇女和儿童组织了一系列乡村"生活教育"活动。M村党支部组织了一支志愿者队伍，深入了解留守群体的生活困境及其需求，挖掘他们的文化参与意愿。志愿者们通过走访、座谈等方式，与留守群体建立了紧密的联系，了解他们的文化兴趣和需求。基于这些调查了解，M村开始策划并开展了一系列与乡村生活、下一代教育、健康养生等相关的文化活动或讲座。这些活动不仅吸引了留守群体的积极参与，还为他们提供了一个交流、学习的平台。同时，村党支部鼓励发挥留守人群的文化特长。老人们对村子的历史、传统风俗有着深厚的了解，妇女们则擅长特色女红、手工艺制作等技艺。在乡村教育活动中，这些文化特长得到了充分展示。老人们积极分享村子的历史和传统文化，妇女们则向村中及邻村的儿童传授手工艺技艺。通过这种方式，他们成了文化的生产者和传播者。"生活教育"使他们在参与活动中找到了自身价值，充实了闲暇时间，同时又培育了守望相助、睦邻友好的社会公共之善。

乡村儿童是农村文化传承的主要力量。留守儿童正处于社会化形成和发展的关键阶段。他们不仅需要得到生活上的照料和安全上的保障，更需要接受文化熏陶和教育。M村以社团助学的模式，形成"一园六点"（一个快乐儿童家园、五个产业助学点）产学融合的儿童关爱阵地，为村庄及周边乡村近123名儿童提供涵盖戏曲、绘画、马术、陶艺等13个社团的学习课程，以及集体生日会、欢乐暑假行、圆梦微心愿等800余场活动。笔者在进行驻村调研时，有幸参与了儿童快乐家园志愿者在尺素工坊为孩子和家长举办的一场温馨的教育体验活动。

尺素工坊，是M村一家致力于挖掘在地文化与传统手工艺商业价值的企业。结构功能主义学派的杰出代表涂尔干强调，在选择教育内容时，我们既要确保其满足个体社会化的内在需求，又要根据个体所处的独特且不可改变的环境条件，精准地筛选和确定教育内容，以适配其成长状态。[1]尺素工坊通过简化非遗工艺制作过程、优化制作原料，以直观且简便的教学方式，

---

[1] 唐爱民.道德教育社会学：涂尔干的社会学创树及其价值意蕴[J].齐鲁学刊，2022（1）.

降低工艺制作难度，缩短时长，让孩子们在日常生活中就能体验到传统工艺。笔者看到，志愿者们精心准备了非遗体验的工具和材料，志愿者老师首先介绍一些基础的线条和图案，以及制作过程，再引导孩子们将基础的线条、图案组合起来绘到画框里，选择自己喜欢的颜色，组成一幅幅绚丽多彩的作品。这些工艺作品可以作为杯垫、玻璃、团扇、花瓶等日常器物上的装饰。活动中志愿者老师耐心地与孩子们交流，关注他们的需求，引导他们积极表达，给予他们正向的反馈和鼓励。这样的交流不仅增强了孩子们的信心和表达能力，更加深了他们与家人、社会的情感联系，让孩子们感受到国家、社会大家庭对他们的亲切关怀。

孩子们是祖国的未来，是祖国的花朵，他们的成长和发展与社会的稳定和繁荣息息相关。村里很多孩子的父亲或者父母亲都在外务工，除了寄点钱回来，平时没有机会对他们进行教育，家庭教育如果缺失的话，我们就得抓抓紧了。从小教育他们树立正确、健康的伦理道德观念尤为重要，我们会持续关注孩子们健康成长，让温情长久传递。"幼吾幼，以及人之幼"，我们会让每一位村里的孩子都能够感受到国家和社会的温暖。除了日常开展的送学活动，我们还非常注重孩子们的文化实践，鼓励孩子们主动成为"小小志愿者"，

培养孩子们爱党爱国、分享互助的价值观，做一名坚定的社会主义接班人。（访谈编号：CGB04202308）

四、乡创学堂：培育有德有技的田野创客

"创客"一词来源于英文"Maker"，原意表达的是人们凭借个人兴趣和爱好，将脑海中的构想变为现实的行动。创客文化则是以知识创新共享为核心，以学校、社区活动室、成人教育中心、图书馆等活动空间为依托，以工作坊、讲座等形式进行知识共享。创客们通过"头脑风暴"，提出创造性的项目和方案，进而创造社会价值。M村乡创学堂由村党支部提供场地并出资打造，致力于打破传统观念，塑造乡村居民的道德素养、创新创业素养，迅速提升农民的职业技能，培养有德有技的"新农人"，这种文化理念与新时代乡村文化生活化建设的战略方针高度契合。

乡创学堂成立的初衷源自很多年轻人都回到了村里，愿意回来支持村里建设，同时谋得一份收入。还有从全国各地来的志愿者，都在村里发挥了自己的特长，成为M村的"新村民"，他们做餐饮、弄研学，成为"田野创客"。但经过一段时间的试运行，创客发展遇到了一些问题。一是创客抱团发展思维尚未形成，单打独斗现象较为严重。受客源、天气等因素制约，大部分创客客源为网上客源或非本地客源，

创客之间对业务没有直接联系，基本上也没有交流和经验分享。部分创客从事农产品业务，对天气的依赖较强，忽略了人的因素。二是个体素质、资源、能力等因素制约。创客个体之间能力资源不平衡，部分成熟的创客对外交流较多，初创的创客碍于面子不敢咨询其他创客，导致信息不灵。三是部分创客"在地化"热情不高，经常是回村里待三天、走两天。针对这些问题，我们村党支部开会研讨，决定打造一个为创业者开展创业项目提供服务和指导的公益性服务平台，助力创客发展。（访谈编号：ZCGB202305）

由此，2017年M村正式成立乡创学堂，探索老师指导提供智力支持、老板兴业注入发展活力、老乡致富增强内生动力的"三老"集聚路径。一方面打造好"乡创集市""乡创学院""乡约你我""乡创书友会""乡创帮帮团""乡创大讲堂"和"乡创公益"七大主题品牌服务活动，通过举办专题讲座等形式，邀请农业方面的专家和企业家，对农村的创新创业进行教育指导，提升创客创业能力素养的同时建立乡创情怀纽带。另一方面破壁创新，持续打开创客项目对外窗口，以孵化园为阵地，依据行业划分创客小组，按需举小投融资项目路演活动，形成平台为创客提供资源、创客带着资源与平台共享的互帮互促机制。截至2023年9月底，该村已拥有43家创客企业，236名乡创人才，各类创业项目50多个，累计吸纳500余名村民就业。

培育"以农为荣、振兴乡村"的爱农价值观。不管是乡村基层组织工作者、新农人，还是各类民族传统技艺的手艺人、创客，要在各自的文化实践过程中传承和发展乡村文化，首先要"爱农村"。只有基于真正的热爱，个体才能意识到职业本身的社会价值，才能自觉地把"小我"和社会"大我"联系在一起，并为此付出精力。

> 我们招募创客，第一要素就是要求创客们树立"以农为荣"的价值观。乡村创业你得在农村踏踏实实地生活，快乐地玩儿在农村，才能成为一名合格的田野创客。只有爱农村，才能踏踏实实地发展产业，振兴乡村。当然，我们也通过规划打造年轻化的生活空间，让回村的年轻人有个休闲娱乐的地方。比如，我们的咖啡馆、小酒馆都很热闹的，让年轻人觉得在村里跟在城市差不多。心里舒服了，他们就会认识到自己所担负的责任，对农村的自豪感和责任感自然也就上去了。（访谈编号：ZCGB202305）

倡导合作主义、诚实守信的职业信仰。梁漱溟曾经提出，随着人类社会的发展与社会关系密切化，合作是必然趋势。他提倡"以人为本，以己为本"注重伦理规范的合作主义。中国是一个以农为本的社会，要振兴乡村经济，农民之间的合作是必然的。

但是，这种合作关系的形成，首先要有一种相互协作的精神。"如果大家仍是各不相管，各自应付各自的事情，那合作的结果也多是枉然。"❶ M村通过乡创学堂增进社会关系的伦理特性，有意识地向创客们宣传互帮互助、诚实守信、乡村命运共同体等思想观念，使"合作主义"与"诚实守信"成为创客精神层面的追求。创客小组成员互帮互助，共同发展，在M村内部形成了一种"市场中的熟人关系"。

> 我是搞特色餐饮的，如果我接了一笔团餐订单，桌数菜品较多，那我有可能就直接去找我亲戚和邻居，比如兄嫂弟媳，让他们放下手上的活，带上自己家多余的桌椅板凳，来帮我干。结束后一起聚个餐，再在群里发个辛苦红包，都是自己人，多少（钱）大家一起赚嘛。（访谈编号：CM11202307）

> 我们这儿一般是，你给我送的这批货的款子我先不结，等送下次的时候我结上次的。我们都是乡里乡亲，知根知底，又不得跑了，彼此之间都是有默契在的。（访谈编号：CM12202308）

由此可见，通过彼此信任合作增值的财富具有更强的公有性。

---

❶ 梁漱溟.乡村建设理论[M].上海：上海人民出版社，2006：58.

合作虽不能实现"均贫富",却能创造更多机会,使贫富不均的人能在经济上平等地进步,由此增强农村社会的共同体意识。

鼓励"闯"的精神、"创"的劲头。这里的"闯",意味着要敢于挑战未知,敢于啃下那些看似难以逾越的"硬骨头",敢于涉足常人未曾涉足的领域,去做那些别人未曾做过的事情。这种勇往直前的精神,正是田野创客们不断追求卓越、实现自我价值的动力源泉。M村勇于创办乡创学堂,鼓励创客们开展形式多元、价值互补的文化业态,其本质上就是一场运营思维的"升级"。

> 传统的乡村缺少运营思维,更多是把东西种出来,然后卖掉。但运营是一个系统,包括品牌、渠道、活动的策划等,甚至是人设打造,都是一个体系,一种生态。这需要打破乡村固有的思路,让乡村有更多可能。(访谈编号:ZCGB202306)

"创"并非一味追求变化,而是在审视与超越传统的基础上,产生的一种个性化的思维与行为,它反映了田野创客们的创新与进取精神。M村的创客们将创新和进步视为日常生活的一部分,结合生活化、时尚化、艺术化元素,将传统文化推陈出新,大力推动M村文化事业的发展。

当时村里常规的文化业态诸如戏曲、陶艺、农场，这些早就被别人"占领"了，我只能努力做个别出心裁的创客。作为地方企业，况且还是研究电子产业的，想在土地上做点什么，就得"接地气"。外面的小孩儿都开始有意无意地接触到人工智能，如果村里也能有，让乡村小孩儿更多了解到科技发展带来的变化该多好，用现在流行的话来说，不就是一场"双向奔赴"嘛！（访谈编号：CM13202307）

在这位访谈者创办的声学馆，孩子们不仅可以感受听到的声音，还能通过亲手调试设备，"看见"自己的声音。同时，利用立体音响系统和高度清晰电子大屏享受高清视觉盛宴，让乡村振兴充满了"科技味儿"。

第三节　农民日常生活行为惯习养成层面乡村文化建设

一、农民日常生活行为惯习的文化意蕴

农民的生活方式是指在衣、食、住、行、社会交往等日常生活领域表现的活动方式或行为模式。本书中的农民日常生活行为惯习，是指在乡村生活空间中实际发生的一系列具体生活实践。

这些实践是农民在物理空间与主观观念相互作用下所展现的客观且具体的行为。这些行为不仅反映了农民的生活方式，也体现了他们的价值观念和生活态度。

布迪厄认为，惯习是一个主观的概念，是一种组织行为的结果，它意味着一种生存模式、一种习惯状态，也可以是一种性格倾向、一种趋势、一种习惯或嗜好。影响惯习形成的主体因素有个人偏好、习惯、社会心理和性格因素，客体要素有历史文化所塑造的价值观念、生活伦理和社会历史条件等。其中，主体因素是决定性因素，客体因素主要发挥能动作用。社会心理是影响个人惯习形成的重要因素。反过来，生活方式一旦形成，其对社会团体及个人的影响是十分明显的。首先，它影响社会团体，使其形成固定的社会心理取向或价值取向，从而使集体行为呈现固定模式。其次，是对个人的影响，表现为情感取向、思维方式、行为方式等方面的"格式化"。

农民的日常生活行为惯习，是个体心理和社会心理相互博弈的过程。一种风俗保持得越久，人们在相互交往中就会产生一种更强烈和更自信的期望，即其他人也会遵循这种风俗。反过来，由于每个人都强烈地期望别人遵守这一习惯，他们就会发现每个人（包括他们自己）遵循惯习可能更有利于他们自己，从而希望其他人继续遵循这一惯习。健康文明生活行为惯习的养成，是一个复杂的过程，这一目标的实现并不容易，因为它涉及惯习培养的长期性与日常性两大方面。布迪厄提出，惯习并非一蹴而就的行为模式，而是经过时间的沉淀，成为个体心智结构中的某种性情倾向、趋势、习性或爱好。这意味着，人们往往不自觉地受到旧有惯习的影响，这种倾向常常阻碍新惯习和新生活方式的形成，有时甚至会导致反抗行为的产生。因此，健康文明生活行为惯习的养成，并非单纯依靠农民自身的努力就能实现，还需要国家政策的引导、社会规范的制约以及村庄舆论的监督。在农民日常生活行为惯习的养成过程中，他们逐渐形成了指向现代生活实践的范式。这种范式不仅体现在农民的行为方式上，更体现在他们的思想观念中。通过这种范式，农民将那些规范化、科学化的行为方式知识化、观念化，从而形塑出符合现代化要求的村庄生活伦理。这一过程既是农民日常生活行为惯习自我提升的过程，也是农村社会文明进步的重要体现。

二、"美丽庭院"建设：政策规训推进农民日常生活行为惯习的改变

作为乡村公共产品，乡村人居环境与农民的日常生活紧密相关，是新时代实现农民美好生活需要的重要突破口。改善农村人居环境不仅成为乡村振兴战略实施的关键一环，更是我国现代化进程中的一项重要任务。党的二十大报告再次对农村人

居环境整治工作作出了明确部署，强调要加大环境污染防治力度，推进城乡人居环境综合整治。农村人居环境整治不仅是一项政策任务，更是国家对农民生活世界进行现代化治理的重要体现，它深刻反映了"以人民为中心"的价值取向，展现了国家为人民谋求幸福生活的坚定决心和使命要求。通过整治农村人居环境，不仅改善了农民的生活条件，提高了他们的生活质量，而且还能够推动农村的可持续发展，为全面建设社会主义现代化国家打下坚实基础。

在深刻认识乡村社会"妇女留守化"现象及农村妇女以家庭生活为中心的角色特征后，全国妇联积极发起"乡村振兴 巾帼行动"，旨在全面激发妇女群体在乡村振兴战略中的巨大潜能，展现其"半边天"的重要角色。其中，动员广大妇女投身农村人居环境整治三年行动与"美丽庭院"建设，是"乡村振兴 巾帼行动"的核心任务之一。这一举措鼓励妇女从自家做起，细心打理房前屋后的环境，保持庭院整洁美观，推动乡村整体环境的改善与提升。M 村"美丽庭院 和美乡村"建设就是在这一政策支持下积极开展的。这一活动由村妇女主任牵头，每个村民小组推选出一名"妇女小组长"，县、乡妇联分别组织对村妇女主任和村妇女小组长的培训，帮助其在村民日常生活中特别是涉及公共生活的部分建立规约。妇女小组长在完成自家清洁任务的同时带动组内其他农户的妇女进行清扫，按照"五净一规范"的标准（确保院内环境整洁、卧室干净舒适、厨房卫生无死角、厕所清爽无异味、个人卫生保持洁净，以及院内物品摆放整齐有序），努力做好自家清洁工作，如此"滚雪球"到所有农户。

在 M 村，妇女主任和妇女小组长这一角色多由 35~45 岁的中青年女性担任。这些女性不仅在年龄上具备优势，而且在社会关系和乡村生活经验方面也有着得天独厚的条件。与年轻的女性相比，她们对乡村生活和家庭生活有着更为深刻的理解和体验，能够更好地理解村民的需求和期望。而与老年女性相比，她们则更加富有活力和创新精神，对于公共事务的参与和推动也更为积极。一位妇女小组长坦言，她之所以能够成功当选，关键在于她热衷与邻里交流，经常串门，与小组内的成员建立了密切的联系。这种亲和力和沟通能力，使她在村民中拥有很高的威信和号召力。而 M 村的妇女主任在选拔妇女小组长时，也是经过深思熟虑和精心挑选的。她会先找一些做事有能力、有魄力的妇女进行单独谈话，了解她们的想法和意愿，并征得她们的同意。然后，征询村"两委"的意见，确保选出的妇女小组长符合村里的整体要求和期望。最后，通过村民投票的方式选出妇女小组长。这些当选的妇女小组长不仅热心于妇女工作，而且对小组民情也有着深入的了解和把握，能够迅速应对各种新情况和新问题。这些妇女骨干的存在，对于 M 村的妇女工作和乡村发展起着重要的推动作用。

她们都很愿意当小组长，觉得这是在为政府办事，是"公"家的人，责任感一下子就起来了。她们家里人不仅支持，而且还觉得很自豪，自然会认真配合工作。（访谈编号：CGB04202306）

"美丽庭院"建设活动，倡导村民做到垃圾规范投放，粪便集中处理，家禽有序饲养，柴草整齐堆放，污水合理排放，共同营造健康文明的生活环境。针对独居老人家庭卫生不佳的情况，村里特别安排妇女小组长组织志愿者进行清理，确保他们的居住环境整洁舒适。此外，县政府还利用现代通信手段，通过建立微信群，开展家庭卫生"劳动竞赛"。这一举措不仅激发了村民们的参与热情，还营造了"评比、学习、赶帮"的良好氛围，让家庭卫生整治成为村民们自觉行动的一部分。

从微信群里就能看到别家村工作的推进进度，对比下来，如果我们落后了，就得赶紧想办法追上去。每月的5号、15号、25号，我都会带着妇女小组长按照"清洁标准"的要求进户检查，并公示检查结果。大家都是女性，进到谁家里面，大多数情况不会遇到群众的拒绝。当然，也存在少数群众不大乐意，觉得我们侵犯了他们的隐私，这种情况也不可避免。我们每月都会评比出"最美家庭"，并有奖品奖励，奖品有一袋面粉或者保温杯啥的，都是家庭生活能用到的。每年上级政府会评选一次"示范户","示范户"还可以去县里领奖。如果在县里的评比中再次获奖,那就可以去市里领奖,那真的不要太排场(光荣)。(访谈编号:CGB03202306)

经过一系列活动评比,M 村的环境卫生状况得到了显著的改善,村庄面貌焕然一新。80% 的村民都积极完成了庭院整理工作,对村民个人卫生习惯的影响非常明显。

"美丽庭院"建设是政府层面规训农民日常生活行为的实践。"规训"(Discipline)一词最早由法国思想家米歇尔·福柯在《规训与惩罚——监狱的诞生》一书中提出。他以身体为视角,对规训与惩罚进行了分析,认为规训可以通过层级监督、规范化裁决和检查三种方式来实现。规训作为一种行使权力的轨道,通过各类关键权力技术,对主体进行编码以实现凝视、比较、分类与审查。农村人居环境整治提升行动对农民生活行为的规训主要依赖政府机构行政权力的推动,同时结合基层党支部、村委会等法定自治组织的参与和协作。

我们一直都动员村民打扫干净自己的房屋,把这个房前屋后收拾一下。像公路啥的,都是村里出钱请人打扫的。村里生活的多是老人和妇女、小孩,有的家媳妇勤快一点,她家就干净一点。还有些老人年纪大了,一辈子生活习惯就那样，他们认为家里太干净了，反而不容易招财，老一辈思想不容易改变。还有些人认为，庭院不干净不整洁、村容村貌脏乱差这些问题并不会直接影响人们的工作收入和身体健康。反而，这些整治工作需要投入时间成本，影响他们的农业生产和生活休闲。人家那块儿都是自己的，你不好推进啊。现在国家有政策出来了，农民们知道要听国家安排，跟党走，党对他们好啊，有这个前提，工作就好推进。而且，妇女小组长家带头响应，一带头就好办了啊，妇女跟妇女之间好沟通、好办事。（访谈编号：CGB04202306）

据笔者调查，当地的村民对于这种规训的结果普遍持正面评价，且大家的环境卫生意识也增强了。

之前不理解啊，觉得很麻烦。现在房前屋后很干净啊，我们前、后院住着，没有之前的柴火堆、草垛啥的，环境得到了显著的改善。公共路面现在也有专人进行统一打扫，村里还雇用了我们本地居民来负责卫生清洁工作，每个月800块钱。（访谈编号：CM154202308）

可以看出，在契合农民需求的情况下，国家力量的介入及其相关制度安排，对村庄居民日常生活行为的规训无疑是有效的，推动了农民日常生活行为惯习的改变。

三、村规民约：社会规范引导农民日常生活行为规则感的养成

村规民约的形成，源于中国基层农村社会的封闭性和自给自足性。在这些村庄中，村民们以土地为生，以家族为基，共同构建了一个相对稳定且富有特色的社会体系。村规民约便是这一体系中的重要组成部分，它根植于村民日常的生产、生活中，是村民们长期生产实践的结晶。这一特殊的文化现象，是指在某一特定的乡村地域内，由当地组织和群体协商确立的自我管理、自我服务的共同行为准则。这些准则不仅是对村民日常生产、生活行为的提炼与概括，而且深刻地反映了农村社会的风俗习惯、思维方式和价值追求。村规民约是集"村规"与"民约"于一体的一种非正式制度，"村规"是农村社会成员共同行为的规范，"民约"是农村社会成员共同遵守的"约定"。它既是乡村社会的自我约束机制，也是中国的"乡土性"或者说乡土文化的重要传承载体。村民们遵循着"依礼而行""依礼而治"的原则，将礼仪、道德融入日常生活的方方面面。可以说，村规民约在国家政权和乡村精英的推崇下，逐渐成为乡村文化建设和维护社会秩序稳定的重要方式。

梦想村庄要建好　用心做事不可少
引来老师做公益　助学助农助村庄

企业合作共兴业　带动老乡同致富

人居环境要提升　家家门前需美化

不电鱼虾不打鸟　保护生态环境好

民俗传承不守旧　文化创新不忘本

敬老孝老是传统　优育儿女很重要

良好家风要树立　邻里和谐不争吵

移风易俗破迷信　不生是非不传谣

勤俭持家人人夸　大操大办人人厌

修房造屋需审批　乱搭乱建全扒掉

勤学好学能发家　好吃懒做别学他

遇到游客要热情　来到村里如回家

村规民约大家立　文明乡风都受益

村规民约字虽少　共同遵守大家好

（节选自 M 村村民公约）

　　村规民约具有鲜明的价值导向功能，其不仅大力弘扬了社会主义核心价值观，如倡导爱国爱村、平等和睦的社会氛围，强调知法守法、尊重权利和义务的重要性，而且还汲取了传统儒家伦理道德的精髓，将勤俭、互助、德行统一等优秀品质作为立身之本。M 村村规民约引入了信用银行积分制，村"两委"对村民的行为作出信用记录与评级，如"红白喜事不大操大办，按规定报备举办一次记 10 分""调解邻里纠纷和化解矛盾，一次记 15 分""户容户貌整洁、室内室外干净，记 10 分"等，将积分与村民各方面的行为和利益分配挂钩，每年年底进行"星级文明户"（学用技能之星、家庭整洁之星、孝顺之星、政策了解之星、热心公益之星、团结互助之星、扶助感恩之星、文体活跃之星）评比，获得者每人发放 800 元奖励，并发放免费体检券一张。此外，信用积分还可以在"积分超市"兑换相应的商品（米面粮油、洗衣液等）。

村规民约，这一源自村庄日常生产与生活实践的准则，深深扎根于村民们的行为逻辑之中。它是村民们多次协商、共同信守的行为标准，体现了村民们对村庄事务的认同与承诺，但不可否认的是，其基础在于参与者之间的合意与共识。这份合意，为村民们划定了一道行为界限。一旦村民们同意了村规民约的内容，就必须自觉遵守其中的规定。即便是那些因各种原因而违反规定的人，也会因为害怕引起众怒而尽量避免违约。没有人愿意承受因违反规定而面临的惩罚。在这种自我约束的心理作用下，村民们形成了自我管理、自我约束、自我监督和共同监督的良性循环。在这个循环中，每个人都是监督者，同时也受到他人的监督。这种基于合意的监督机制，在不知不觉中形成并深入人心。从外部表现来看，乡村对村民的奖惩机制主要包括舆论控制、信用约束和经济奖惩三种形式。这套严密有序的村规民约奖惩机制，确保了村规民约在引导村民日常生活行为惯习方面作用的发挥。它不仅规范了村民的行为，而且还激发了村民的积极性和创造力，推动了村庄的和谐与发展。

四、"村头公共舆论场"：村庄公共舆论影响农民生活行为惯习的养成

村庄公众舆论是在乡村自然形成的内在规范。村庄公共舆论的作用过程，是村民行为惯习养成和价值取向具体化、客体化的过程。舆论评判不仅是一种简单的评价，更通过具体的楷模与训诫，实现价值导向的传递与引导。当村民的价值导向与村庄舆论有效结合时，这种价值导向便能逐渐对象化，从抽象观念转化为一种极具生命力的强大力量。

对大多数村民来说，村庄不仅是他们共同生活的场域，更是构建社会关系、赋予生活意义的共同体。在这个相对固定的生活空间内，村庄公众舆论的力量显得尤为强大。它能促使村民按照一种潜在的规范来行事。当某个村民的行为符合这一规范时，会得到全村人的认可和赞扬，成为村民们学习的榜样；而一旦有村民违反了这一规范，便会感受到来自全村人的压力和指责，产生内疚感和羞耻感。正如斯科特所言，违反规范所引发的情感主要是羞耻感，而遵守规范则能带来骄傲与荣誉

感。❶这种情感的力量为村民们遵守主流规范提供了强大的动力。在乡村公众舆论的推动下，"潜规范"的价值理念得以具象化，对村民们的言论和行为起到了切实的指导作用。此外，村庄的相对封闭性以及熟人社会的特点，使村庄公共舆论的效能得到了进一步的增强。在这个熟人社会中，"脸面"成为一种极其重要的社会资本。村民们都非常注重自己在村庄中的形象和声誉，这直接关系到他们在村庄中的地位和影响力。为了不让自己成为舆论的焦点，不想在熟人面前丢脸，所有人都需无差别地遵守村子里的规矩。博登海默指出："当一种习惯遭到破坏时，人们通常会表现出不满意或不高兴的反应；如果一个人不断地打破社会准则，那么，他很快就会发现，他已经被社会圈子排除在外了。"❷因此，乡村公共舆论在很大程度上起到了制约、引导民众行为的作用，维持了乡村社会礼俗秩序，是村庄社会生活与伦理塑造的重要组成部分。

村头公共舆论场，是乡村生活不可或缺的一隅。每当闲暇之余，村民们便纷纷走出家门，三五成群地汇聚在村庄中特定的公共场所，或围坐石桌旁，或倚立古树之下，谈天说地，纵论古

---

❶ 斯科特.制度与组织——思想观念与物质利益 [M].姚伟，王黎芳，译.北京.中国人民大学出版社，2010.

❷ 博登海默.法理学：法律哲学与法律方法 [M].邓正来，译.北京：中国政法大学出版社，1999：379.

今。在这个公共舆论场中，村民们通过语言与信息的交流，逐渐在共同的观念和价值标准中形成了比较一致的好坏评价和共守法则。这种柔性的村规民约虽然没有明文规定，但在无形中影响着村庄社区每个成员在日常生产、生活中的言行举止。它像一股无形的力量，维系着村庄的社会秩序，促进着群体的团结与和谐。可以说，村头公共舆论场是村民们交流思想、分享信息的平台，也是乡村社会规范形成和传承的重要场所。在这个舆论场中，村民们共同塑造着乡村社会的精神风貌，共同维系着乡村社会的和谐稳定。

在这里，村民们通过对他人行为的观察和评价，不断调整自己的言行举止，以适应村庄社会的规范和期望。特别是对于孩子们来说，这个开放的环境是他们成长过程的重要课堂。他们从小便在这里接触和感知社会，形成自己的价值观和行为模式。可以说，村民们不仅展现了自己的真实面貌，更在舆论的塑造下，形成了一种集体认同和归属感。这些形象对于人类群体或者代表集体行动的个体来说，具有极大的影响力，它们共同构成了舆论的力量，推动着村庄社会的发展和进步。

　　饭后如果没什么安排，大家都喜欢搬个小板凳坐在广场上一起聊天，说说今天的新鲜事儿，交流庄稼种植心得，聊聊村里的变化，这里是我们的"外事窗口"（了解外界信息的渠道）。这不学生马上要放暑假了，来我们村研学的孩子们很多，最近大家都在商量要把各家门前道路的卫生搞好，家里养的小狗、小猫也要拴上绳子。村里人都看中"名声"，对这类提议都是一呼百应、积极响应，生怕自家做得没有别人家好，失了面子。（访谈编号：CM18202308）

村头公共舆论场作为村民群体公共生活非组织化的重要实践平台，对参与其中群体的认知、互动和交往方式产生了深远影响。在这个场域中，村民们乐于分享自己的所见所闻，也从他人的经验中汲取教训，获得群体的接纳和理解，形成社区共识，这种共识反过来影响着每个人的话语与行为。在这个过程中，整体的感知与集合意识的力量逐渐形成，它规范着参与其中的个人的行为举止与社会认知，使村庄公共生活更加有序和谐。

第五章　新时代乡村文化生活化建设的实践问题

本书第三章通过对"乡村文化生活化建设"三个维度的分析发现，新时代乡村文化生活化建设呈现了较好的发展态势，农民对于国家介入其日常生活的接受度与积极性较高。但同时，我们也看到乡村文化生活空间建设存在过度景观化的倾向，主要表现为乡村文化空间的原真性有待提升、农民参与乡村公共文化空间建设的积极性不高；村庄生活伦理塑造的价值共识不充分：乡村教育仍需继续完善、新老村民价值观念出现分化；农民日常生活行为养成存在惯性阻力：刚性规训措施推行受阻以及内生性规范约束力减弱。

第一节　乡村文化生活空间建设过度景观化

景观（Landscape）的原意是指被展示的有形的客观景物，亦指主观的、有意识的表演与作秀。❶指向美好生活的乡村文化建设，追求的是一种有规划的现代化。乡村文化生活空间建设的景观化是指以文化为载体，通过文化微场景空间的打造与密集的文化活动，呼应治理目标。乡村文化的生活空间，是农民们自由进出、畅享日常公共文化生活的舞台。通过参与各种仪式性互动，农民们在日常生活实践中分享着情感体验，孕育出独特的价值情感。这些互动与实践，不仅促进了乡村文化的传承与发展，更凝聚成了符合乡村社会生活秩序和规范的共同精神。但是，在实践中，大多村落将农民的日常文化生活拆解和简化为一些由空间要素堆积而成的视觉表象，如道路、院落、广场、墙壁等呈现的视觉效果，并遵从"呈现的都是好的，好的才得以呈现"的逻辑，对这些要素进行冷冰冰的机械重组、合并、区隔、遮蔽、凸显和再生产。由于缺乏对农民文化需求特殊性与文化个性的充分考虑，乡村文化的生活空间建设出现了过度景观化倾向。

一、乡村文化空间原真性有待提升

乡村公共文化服务并非单方面的社会文化实践，而是围绕人的需求展开的综合性文化生活空间建设。当前，尽管我国致力于

---

❶ 程波，李伯华，刘沛林，等.传统村落数字化保护的空间逻辑：场域转换、样态演进与价值实现 [J].地理研究，2025（2）.

统筹城乡发展，但在重塑乡村传统文化生活空间的过程中，往往未能深入考虑传统村落的独特风貌、农民的日常生活行为惯习以及地方乡村文化的特色。这导致了"千村一面"，众多乡村的文化特色被抹平，失去了原有的独特性。随着旅游业的蓬勃发展，大量原本属于乡村传统文化的场所被改造为旅游景点，虽然在一定程度上促进了乡村经济的发展，但对乡村文化的原真性造成了影响。

乡村文化的生活空间建设是一种与周边环境及个体文化生活紧密相关的社会行动，在各种主观与客观因素相互作用而形成的场域中，仅仅依靠一系列先进的知识技术、严密的逻辑推理以及海量的信息数据，很难形成有效的行动策略，从而使其主导的文化服务与农民的日常生活脱节，难以获得农民与社会团体的高度认同。美籍华裔学者段义孚认为，恋地情结是关联着特定地方的一种情感。❶ 这种恋地情结，实则是人与其所处环境之间的一种深情厚意的依恋关系，编织出人与环境间难以割舍的情感纽带。若缺失了这份情感纽带，空间便失去了灵魂，人与地方之间的联系也自然变得疏离。这样的空间，缺少了共同的情感载体，难以在个体之间激起深层次的情感共鸣。M 村的村庄文化生活空间规划实践，其根本动力源自地方政府在治理创新上的不懈追求，即

---

❶ 段义孚. 恋地情结 [M]. 志丞，刘苏，译. 北京：商务印书馆，2018.

通过行政力量的积极介入，推动村庄逐步走上乡村文化生活化建设道路，从而回应村民在精神文化、人居环境等多方面的日常需求。然而，在这一过程中，集体化和行政化的色彩较为浓厚。在一定程度上削弱了乡村文化的多样性和活力。

各种丰富多彩的民俗事象与仪式，不仅是乡村文化记忆的载体，更是区域文化认同的象征。这些民俗仪式通过形成独特的视觉化符号，让人们在参与过程中增强情感体验，深化意义分享，进而塑造出强大的群体凝聚力。这种凝聚力不仅有助于促进个体间的合作，还能在个体、乡村与国家之间建立起紧密的互动与关联，共同塑造出独特而鲜明的地方文化意象。乡村文化活动，本质上应该是源于居民日常生活、充满"人民性"的文化建构。它应以大众参与为核心，以寓教于乐的形式为全体村民提供一个不设门槛的文化参与平台。然而，随着市场力量对乡村社会的日益渗透，许多传统节庆活动的社会功能正在逐渐弱化。以 M 村为例，尽管每年都会举办如"村晚""丰收·喜乐会""摸秋"等大型节庆活动，但这些活动在很大程度上已失去了其原有的生活意义，逐渐演变成了一系列有条不紊、可预测和可体验的固定文化活动。这些文化空间更多地被作为推介地方资源、产品以及吸引投资的营销手段，一些传统民俗和节庆活动被过度包装，其背后深厚的文化内涵被忽视。

二、农民参与乡村公共文化空间建设积极性不高

村民是乡村文化建设的主体，对乡村文化有着内在的认识。随着城市化进程的不断加快，城市对人力资源的需求量也在不断增加，进城的农民日渐增多，原本相对封闭的农村社会开始经历深刻的变革。农民长期游走于城乡之间已经成为一种常态，其生活方式、消费习惯、文化理念也逐渐城市化。在他们眼中，乡村公共文化空间所提供的传统娱乐形式和文化活动，显得有些过时和单调，缺乏创新和吸引力，无法满足他们日益多样化的文化需求。例如，传统戏曲、杂技、皮影等曾经深受农民喜爱的娱乐形式，如今已难以吸引年轻一代的农民。他们更倾向于通过丰富多彩的电视节目、便捷的网络平台如"抖音"等获取娱乐和文化信息。这些现代媒体以其丰富的内容和便捷的获取方式，逐渐取代了乡村公共文化空间在农民心中的地位。传统公共文化生活空间的原有活力与影响力日益减弱，文化活动的娱乐职能逐渐从公共领域退缩，更多地转移至农民的家中。由此，农民更多地依赖私人文化装备满足自身的文化生活需求。根据笔者统计，M 村49.1% 的农民从未踏足过综合性文化服务中心，也未参与过其他组织举办的活动；虽然 13.6% 的农民经常利用体育健身设施进行锻炼，但并未形成持续使用的习惯；绝大多数农民从未使用过农村公共文化设施。乡村公共文化空间本应是传承乡村文化、丰富

村民精神生活的重要场所，是增强村民凝聚力和向心力的重要纽带，但在农民文化主体参与意识不强的情况下，乡村文化活动难以形成规模和氛围，这些功能无法有效发挥。

第二节 村庄生活伦理塑造的价值共识不充分

重塑生活伦理并非仅是一场精神层面的活动，它必须与实实在在的提升项目紧密结合。农民只有亲身参与那些与其生活密切相关的项目，才能深切体会生活伦理重塑的必要性与意义。乡村教育本应是引领乡村生活伦理提升的关键路径，然而，其在资源利用方面尚显不足，未能有效帮助农民树立坚定的文化自信；同时，也未能充分展现城市文明的价值，导致农民难以通过教育实现精神层面的提升。此外，随着农村人口流动速度的加快，以血缘关系为基础的信任关系逐渐被注入了新的元素，市场经济思想冲击着传统的人情伦理，新老村民群体之间出现了价值分化和博弈。

一、乡村教育仍需继续完善

乡村义务教育作为国民教育体系的基石，其发展现状直接关系着农民的文化素质与道德水平。在义务教育阶段，孩子们正处于个体独立人格形成的关键时期，优质的农村义务教育是塑造青少年健全人格、培养主体意识的重要途径。然而，根据最新的统计数据，截至 2022 年年底，农村家庭未上过学的村民比例达 4.7%，村民中小学文化程度的占 37.2%，初中文化程度的占 53.8%。在贫困地区的常住劳动力中，不识字或识字不多的人占 9.4%，小学文化程度的占 33.4%，初中文化程度的占 46.2%。❶这意味着，尽管许多农民已经脱离了贫困，但由于乡村义务教育发展的滞后，他们仍然缺乏必要的科学文化知识和道德法律意识。新时期乡村义务教育面临着诸多挑战，其中最为突出的是办学环境、师资结构和教学内容等方面的问题。与城市义务教育相比，农村学校在硬件设施、师资力量和教学资源等方面都存在着明显的差距。这种差距不仅影响了农村义务教育的教育质量，而且制约了农村社会的整体发展。M 村社区下辖 12 个村，现在仅有一所小学供附近村居子弟入学，每年开设班级仅 3 个，目前（截至 2023 年 9 月）有学生 88 人，多为贫困家庭孩童，教师人数不足 10 人，农村教师的整体文化水平比较低。此外，农村中小学普遍采用国家统一标准化的教材，教材中对于农村特有的地理、文化等相关知识鲜有涉及，课程设置亦有待改革。

从当前状况来看，乡村教育实际上正面临着双重挑战。一

---

❶ 国家统计局住户调查办公室 . 中国农村贫困监测报告 2023 [M]. 北京：中国统计出版社，2023：35.

方面，乡村教育资源未能充分发挥作用，帮助农民建立起对自身文化的坚定自信；另一方面，城市文明所蕴含的民主、法治、契约、劳动与财富等价值观也未能有效地传递给农民。这种情况使农民在文化认同和价值取向上面临着困惑和迷茫。因此，一个理想的乡村教育计划应当致力于既避免农民因城市生活的繁华而产生自卑感，也不让他们在农村生活中盲目自信、缺乏进取心。

二、新、老村民的价值观念出现分化

"新村民"这一概念，通常指的是那些从城市或其他农村地区迁移到本村，并在本村工作、创业或生活超过半年的非本村户籍者。具体来说，这些新村民包括乡村的外来创业者、致力于生态农业的农民、充满创意的艺术家、学识渊博的学者、追求自由的职业者以及享受乡村宁静生活的退休人员等。此外，还有一些致力于乡村公益事业的社会组织和从业者也成了新村民的重要组成部分。他们带着丰富的知识资本、经济资本和社会资本进入乡村，在村庄中长期工作或居住，不仅为乡村带来了新鲜的血液和活力，也促进了乡村与城市之间的交流与融合。他们普遍具有创业精神，积极投身乡村建设，与乡村融合发展，成为近年来人才下乡的一种新趋势。新村民的出现，既满足了村庄对人力资本、金融资本的需求，推动了乡村的经济发展和社会进步；也满足了外来人才实现自我价值、追求美好生活的内在需求，让他们在乡村找到了归属感和成就感。同时，也符合政府人才下乡、实现乡村振兴的战略目标。在讨论"新村民"自发回归乡村，积极投身乡村发展与建设的热潮中，我们在深刻认识到这一行动背后蕴含的多元创新价值的同时，不应忽视其中所潜藏的问题。这些"新村民"往往拥有较为优越的经济资本、社会资本和文化资本，因此能够相对自由地选择自己的生活方式。他们回归乡村，不仅是为了生存，更是为了追求更高层次的精神生活。"新村民"通过对生活方式的选择，试图建构一个属于自己的时代身份，明确"我是什么人""我想做什么"，以此表达自己的价值观，然而，新、老村民在思想、行为方面表现出较大的差异。在 M 村的日常生活中，这两类人很少接触，年长的村民不知道创客们在村子里做什么，创客也没有太多的机会参与老人的日常生活。但如果涉及特定的利益，矛盾就不可避免。例如，新村民们对环境保护非常关注，为 M 村的环境修复提出了诸多建议。他们主张划出生态红线，以保护珍稀动物免受传统捕鸟方式的伤害；建议"退林还田"，以期恢复农田的原始景观；提倡有机耕作，减少化肥、杀虫剂和除草剂的使用，从而维护生态平衡。但是，这些建议遭到了老村民们的反对。在当地村民眼中，生存和获取收入是他们生活的基石，因此农业生产的经济效益自然是首先需要考虑的因素。多年来，他们在实践中已经发展出了一套高效且实用的农业生产模式。如今，面对外部力量的干涉，这些传统农业模式正面临改变，甚至被视为一种限制。新村民的建议在老村民看来，是对其基本利益的侵犯。因此，在讨论此类问题时，新老村民之间往往难以在短时间内达成共识。双方各执己见，争执不休，使问题陷入僵局。不可否认，新村民的创新思维和生活方式为村庄的发展注入了新的动力。但我们也不能忽视"过往"，过去的历史、文化和传统同样是推动村庄发展的重要力量。当社会变革的洪流汹涌而来时，我们往往容易忽视那些传统的、稳固的元素。但正如水流需要平缓的河道来引导其方向一样，村庄的发展也需要传统力量的支撑和引导。长远来看，如果这些问题未能得到妥善解决，那么乡村社会伦理关系的规范和平衡将面临被破坏的风险。这种失衡状况如若持续，不仅会破坏乡村的和谐稳定，还将在乡村的发展进程中引发日常生活行为和价值观念的冲突与博弈，进而对乡村文化的可持续发展造成不良影响。

第三节　农民日常生活行为养成的惯性阻力

农民日常生活行为惯习的养成，是期望现代化的生活伦理观念能够自觉指导农民在日常生活中无意识地践行现代化的生活实践，让农民的生活世界在不知不觉中发生自觉而自然的转变。然而，健康文明生活行为惯习的构建是一个复杂的过程，过于刚性的规训措施、乡村共同体意识的逐渐消解，造成对村民行为约束力的削弱，出现不符合预期、偏离社会期望和道德标准的情况。

一、刚性规训措施推行受到阻碍

国家力量主导性规训是指政府作为乡村文化建设的主导者，通过权力手段对村民日常生活行为进行规范和训练，使其符合特定的规则、标准和形式。这种规训过程由国家机构、法律制度和行政手段主导，以统一的方式施行，其目的是塑造社会成员的行为、价值观和思维方式，以适应乡村振兴的发展要求。但长期以来，过于强调政府在乡村文化建设中的角色和作用，通过行政命令和国家的力量来推进村民文化自觉，忽略了农民作为乡村文化建设者的主体性。

农村基层组织是国家开展文化建设的重要保证，国家文化政策、措施和方法都要通过基层组织才能得到贯彻和落实。然而在实际操作过程中，有些基层组织未能准确理解国家政策，忽略了农村生活的多样性与复杂性，生搬硬套"格式化"治理。例如，人居环境的整治对于村民而言，往往难以直接转化为明显的经济利益，许多村民缺乏自觉参与和认同的内在动力。在村民的观念中，庭院是否干净整洁、垃圾是否分类、村容村貌是否脏乱差，这些问题似乎并不直接关系到他们的经济收入和身体健康。

相反，他们更担心人居环境整治工作会占用他们宝贵的时间，进而影响农业生产和生活休闲。这说明，农民日常生活行为的规训与村民不规则的日常生活现场、村民的审美尺度以及村民自身对美好生活的想象之间存在断裂。因此，实际工作过程中，这些刚性规训措施往往难以达到预期效果。在村民的日常生活中，生活秩序并非刻意设计而来，而是在居民之间的互动中自然而然形成的。这种秩序充满了特殊主义色彩，既不规则又时常变化。这些特征共同构成了村民生活独特的文明尺度。在很多村民看来，如果对美好生活的规划建立在标准整齐的政治美学上，那么最终呈现的"美好生活"很可能会失去那份真实的人间烟火气，以及村民生活的生动性。

二、内生性规范约束力减弱

"内生性规范"作为村民在长期生活实践中形成的独特共识，早已深深根植于乡土文化的脉络之中。它不仅是一套行为准则，更是村民之间关系的"润滑剂"，确保了乡村社会的和谐与稳定。在传统社会，村民们往往共同在场，形成了一种以"人情法则"为核心的交往模式。对于大多数村民而言，村庄不仅是他们生活的共同体，更是他们寄托情感、寻求价值认同的意义共同体。因为村民们对这片土地有着深厚的情感与长久的生活预期，所以他们会自觉遵守村规民约，并在日复一日的生活中将这些规则内化于心，形成一种无须言明的行动自觉。此外，村民的共同参与也构建了一种无形的结构性压力——社会舆论。这种压力既能对越轨者产生心理震慑，促使其自我反省并纠正行为，又能进一步强化"人情法则"在乡村社会中的权威地位。然而，随着时代的变迁，村庄的社会边界逐渐开放，大量人口迁入迁出，乡村社会的面貌也在悄然发生改变。农民的生活面向开始从乡村扩展到更广阔的空间，乡村不再是他们实现个体意义和价值的唯一空间。原本通过面对面交往维系的情感纽带逐渐松弛，人情法则在市场势力与现代文化理念的冲击下，逐渐为私人性规则让路，人情法则的公共性被淡化，内生性规范因缺乏实践载体而陷入"有共识难落地"的困境，对村民行为的约束力也随之减弱。

第六章　新时代乡村文化生活化
整体性优化路径

　　进一步推进新时代乡村文化生活化建设，需将政府主导转化为政府引导，发挥乡村多元共治作用激活公共性；深度挖掘农民需求以优化乡村文化生活空间；充分激活农民主体性增强乡村文化建设力量；减少农民日常生活行为转变的不适应，引导新行为方式形成，最终实现乡村善治新格局。

第一节　主导转化为引导，发挥乡村
多元共治作用激活公共性

　　乡村生活化建设并非政府单方面主导的"独角戏"，而是一个多主体共同参与、共同管理的复杂过程。"多主体治理"是个体、各类公共及私营机构对共同事务的多元管理方式。它强调在协调不同利益群体的矛盾和纷争中，寻求共同行动和合作。乡村文化生活化建设同样如此，它不仅依赖政府的正式制度和规则，而且涵盖了各种非正式制度安排，这些制度为各方主体提供了协商、和解的途径，促进了乡村社会的和谐与发展。乡村文化生活化建设需要构建以维护村民日常生活秩序为目标的多元主体之间协同互动。

一、坚持党对乡村文化生活化建设的领导

2022年8月，中共中央办公厅、国务院办公厅印发《"十四五"文化发展规划》，明确强调要坚持和完善中国共产党领导文化发展的体制机制，为实现文化高质量发展提供根本保证。乡村文化生活化建设必须充分发挥党的核心领导作用。一是遵循乡村文化生活化建设的规律，满足广大农民对先进文化的需求。新时代我国乡村社会的巨大变迁和农民对文化需求层次的提高，体现了广大人民群众的需求已经由"物质文化需要"向"美好生活需要"转变，农民的文化需求大量释放。因此，新时代乡村文化生活化建设不仅要正确认识和遵循乡村文化发展规律，更重要的是，要以农民日常生活文化需求为出发点和落脚点，结合农村社会和农民日常生活的变迁而适时调整文化政策与建设内容，以满足农民对先进文化的需求为最终目的。党中央通过制定一系列政策，为

乡村文化生活化建设提供有力的制度保障。这些政策不仅明确了乡村文化发展的方向和目标，还为乡村文化资源的开发利用提供了具体的指导。二是通过加强宣传教育，引导乡村居民树立正确的文化观念，增强文化自信，推动乡村文化的繁荣发展。在方向指引上，要始终坚持把马克思主义文化观与乡村实际相结合，推动乡村文化与传统文化的融合发展。通过挖掘乡村文化的内涵和价值，传承和弘扬优秀传统文化，为乡村文化生活化建设注入新的活力。三是要加强党的基层组织建设，增强党的组织力。通过基层党建活动，深入村民的日常生活，了解群众的心声，将他们的文化需求意见集中，从而使村民对美好生活的向往成为现实，为构建满足农民美好生活的稳定运行机制奠定坚实基础。

二、发挥村级组织在地化的文化服务功能

在生活化面向的乡村文化建设中，政府职能部门不仅是"领导者"，更是"引路人"。首先，要加快转变政府职能，从权力管理转向责任管理。当然，适度放手并非撒手不管，任由其自由发展，而是要推动各级干部主动担当乡村文化生活化建设中的责任，增强服务意识，高效履行职能。其次，村级组织在农村文化生活化建设过程中，需要积极作为。通常包含以下三个方面。

第一，研究当前农村和农民的状态与特征。在农村公共文化

设施供给过程中，要在对农民文化意愿进行充分调研的基础上，分析农民对公共文化设施的接受度和参与度，从而提高乡村公共文化产品供给的结构性和适配性。第二，基层政府的文化政策和文化活动要为广大农民群众所了解和熟知。在充分调研农民的文化意愿的基础上，"接地气、察民情"，尊重农民的文化诉求，形成文化需求表达的有效性基础。第三，构建乡村公共文化服务效果反馈机制，促进信息交流共享。例如，要以农民满意度为评价指标，充分调动农民对基本文化权利的责任意识，充分调动他们的自主性和参与感，构建系统的文化活动与服务效果评价数据库。

三、吸纳乡村精英，引领乡村文化生活化建设

乡贤文化作为乡土社会中独树一帜的文化风貌，在传统社会具有无可替代的地位，在伦理维系、民风熏陶、乡土情感凝聚等方面，"乡贤"群体发挥着至关重要的作用。他们作为乡村的精英代表，不仅维护着乡村社会的秩序与和谐，更是乡村文化的引领者和传承者。在推进乡村全面振兴的大背景下，乡村文化生活化建设成为提升乡村居民生活质量、促进乡村社会和谐发展的重要途径。在这一进程中，吸纳乡村精英参与并引领乡村文化生活化建设显得尤为重要。

乡村精英作为乡村社会的佼佼者，他们不仅具备丰富的知识和经验，还拥有广泛的社会联系和影响力。他们的参与和引领，能够为乡村文化生活化建设提供有力的智力支持和动力源泉。当前，我国广大农村基层应该为乡村精英团体创造良好的实践环境。例如，在符合条件的情况下，推动农村精英组建"乡贤委员会"等基层自治机构，为最大限度地发挥农村精英的作用提供有利的环境。同时，通过引入"新乡村精英"，有效重构乡村社会的生活秩序。例如，很多村子里都有大量的大学生，他们是乡村建设的中坚力量，应该鼓励他们积极发挥自己的专业特长和志愿服务能力，参与开展各种形式的文化活动，让村民的文化生活更加丰富多彩。

四、建设文化组织，形成内生治理动力

乡村文化组织不仅能够丰富村民的精神文化生活、激发村民的创新活力，还能够增强村民之间的凝聚力和向心力。通过共同参与文化活动，村民之间的交流与互动增加，彼此之间的了解和信任加深，从而形成一种强大的社会凝聚力。这种凝聚力不仅有助于解决乡村社会中的现实问题，而且还能够促进乡村社会的和谐稳定发展。内生型的文化组织可以是单一性的文化组织，如"红莓姐姐"女红队、高跷广场舞队等，也可以是

综合的文化协会，如老年人文化协会、妇女互助协会等。其核心在于，这是一个有着共同兴趣和需要的村民们自己建立起来的公益性的团体，能够满足农户的日常文化需要，点燃农民的参与热情与创新活力。内生型文化组织应当由村社集体与农民共同构建，村社集体对农民进行全面的动员和支持，通过制定相关规章、提供资金支持和组织培训等方式，引导和鼓励村民建立和发展文化组织，发挥导向作用；农民作为文化组织的参与主体，则应响应村社集体的号召，主动参与到文化组织的建设中来，并在其中发挥积极作用。

第二节 挖掘农民需求，优化乡村文化的生活空间

"如果未曾生产一个合适的空间，那么'改变生活方式''改变社会'等都是空话。"❶ 在传统与现代相融合的基础上，构建一种当代意义上的乡村文化生活空间，从而完成乡土式的农村现代化转变，这是一个重大课题。

一、重新营造"乡村家园感"

空间审美与后现代文化景观之间的互动尤为关键。这种互动

---

❶ 列斐伏尔. 空间的生产 [M]. 刘怀玉，等译. 北京：商务印书馆，2021：73.

不仅体现在精神层面，更深入地渗透到了物质层面，共同构筑了乡村文化的丰富表征。通过这一实践过程，我们既能够感受到乡村文化的深厚底蕴，又能够体会到后现代文化景观的独特魅力。在现代性语境下，"乡村家园感"不再只是一种理论探讨，而是成了一种具有可操作性和指导性的实践力量。它通过乡村文化表征实践，使乡村文化景观得以重构，焕发出新的生机与活力。这种重构不仅凸显了乡村地域风韵的独特性，而且使乡村文化成为一种鲜明的认知符号，让人们在感受美的同时，也能够深刻地理解乡村文化的内涵与价值。为了实现这一目标，我们需要深入挖掘农村原始的人文资源，并结合时代特征和地域特色进行加工处理。通过对不同区域和类型的文化进行分类和研究，提炼出文化中所蕴含的精神内核和发展脉络。同时，还需选取适当的文化载体来表现这些文化元素，让碎片化和抽象化的文化得以系统化和具象化。

然而，我们也要意识到，承载着家园意识的文化精神内核是乡村文化的灵魂所在。一旦这些文化载体和物质空间遭到破坏或遗失，那么文化精神内核也将随之消失。因此，在空间的文化表征实践中，我们必须对乡村景观、建筑、传统民俗仪式、民间技艺等文化资源进行扬弃、提炼和保护，构建出既符合社会变化需求又能够体现"乡村家园感"的和谐文化的生活空间。

二、协调乡村文化生活空间的差异性功能配置

现代性的乡村文化生活空间提倡多元化权利主体之间的平等对话和协商共治，要把维护农民个体文化需求纳入乡村文化生活空间的整体蓝图，保障乡村文化生活空间实用价值的最优先级。

加强乡村文化生活空间功能的整合。乡村文化的生活空间是一个涵盖具体物质文化设施、特定场域、参与文化活动的人群等文化场景的整体性概念。乡村文化生活空间的功能体现并非只依赖于单个文化设施的完备性，更在于如何巧妙地将这些设施融为一体，共同构筑出一幅令人心旷神怡的文化景观。这一空间的真正价值，在于为参与其中的人们提供更为丰富多样的休闲娱乐方式，让他们在忙碌之余能够找到一片宁静的天地，放松身心，享受闲暇时光。乡村文化生活空间的文化设施与空间功能的整合并非简单的堆砌，而是要在充分理解乡村文化特色和生活习惯的基础上，有针对性地进行规划和设计。

从本质上讲，要强化公共文化场所的功能集成与空间联结，第一要做到的是协调与融合。例如，要加强乡村文化站、综合文化服务中心等乡村基础公共文化场所的功能集合和空间联结。结合村庄的地理位置、居民居住范围以及当地文化资源储备，对乡村文化的生活空间进行合理规划，尽可能增强村民至公共文化场

所的空间可达性。第二，实现不同类型乡村文化生活空间的功能集合和空间联结。乡村文化的生活空间是由传统文化活动型、日常文化生活型、政府文化福利型三种类型构成的一种空间系统，它对新时代乡村文化生活化建设的进程起着至关重要的作用。以传统文化活动为主的公共文化空间，包括宗祠、乡村剧场等物质空间和传统节庆活动，通过祭祖仪式、民俗展演等具身化实践，在现代化进程中既延续着文化根脉，又不断进行调适。以日常文化生活为主的乡村文化生活空间是乡村居民进行日常社会活动的场域，如广场、集市，甚至是房前屋后等与农民日常生活息息相关的场所和场景，往往是乡村的重要的信息中心，是一种"文化磁场"。以政府文化福利为主的公共文化服务体系，主要包括政府提供的以"三馆一站"公共文化设施、以"文化下乡"文艺演出为代表的公共文化服务体系和各种文化惠民福利设施，它们既承载着文化服务职能，又是实施农村文化管理的一个主要载体。为此，乡村文化的生活空间建设应当致力于将农村中丰富的文化资源进行有机整合。具体而言，我们需要将公共文化场所空间与文化休闲空间、文化旅游空间等生活空间进行高效对接与融合，从而打造出一个充满生机与活力的乡村文化生态系统，让村民们能够在这个多元、包容的空间中享受到更加丰富多彩的文化生活。

第三节　充分激活农民主体性，
增强乡村文化建设力量

农民，作为农村文化建设的主力军，其主体意识的提升对于乡村文化生活化建设至关重要。而教育，正是提升农民综合素质、培养其独立自主发展能力和现代化思维方式的有效途径。尤为重要的是，教育能够激发农民积极投身乡村文化生活化建设的热情，使其充分认识到自身的主体责任，并自觉承担起推动乡村文化繁荣的重任。因此，必须把发展农村教育放在第一位，提高农民投身新时代乡村文化生活化建设的能力。

一、不断提高乡村义务教育质量

义务教育，对于农村适龄儿童而言，是他们形成独立意识、树立生活自信的起点。它不仅在塑造孩子们的人格、引导他们成长的方向上起到了举足轻重的作用，而且是他们未来人生道路上的基石。

加强农村义务教育，首先要优化农村中小学的空间布局与办学环境，这是提升农村义务教育质量的关键所在。在规划农村中小学建筑的空间分布时，必须坚守公正与效率、均衡与优质并重的原则，确保每一所学校都能发挥其最大的教育效能。其次，要加强农村基础教育的教师队伍建设。农村教师的素质是提高农村义务教育质量的重要因素。应采取有力的举措保证农村中小学教师的工资福利，在编制给予、职称评定和住房租赁等问题上，对农村中小学教师予以倾斜。可以城市、农村中小学联合办学为手段，推动城市和农村教师的学习和交流，构建一套符合农村中小学教师专业发展的人才培养制度。最后，要探索地方乡土文化课程的教学内容和方式。乡土文化教育是农村义务教育发展的一大特色，对于增强农村学龄青少年对本土文化的认知与自信具有不可替代的作用。通过乡土文化教育，农村孩子能够深入了解家乡的历史文化传统、风土人情，从而激发热爱家乡、投身家乡建设的"家国情怀"。因此，应当积极推广本土文化教育进课堂、进教材，并不断探索和创新乡土文化课程的教学模式，加强对乡土文化课程资源的开发和利用，为农村孩子提供更加丰富多彩的学习体验。

二、提升乡村职业技能培训的实用性

农村专业技术人才培养是乡村文化生活化建设的一项重要内容。当农民掌握了一定的谋生技能，并通过自己的谋生技能提升了自己和家庭的生存体验和生活水平后，他们会对自己的主体地位充满自信，从而改变他们被动保守的生活方式，形成一种积极向上、奋发图强的精神面貌。为此，必须进一步完善和充实农民的专业技术培训，使农民的主体意识在促进农民自我发展的过程中持续激发。

首先，降低农民参与农业技术培训的成本，提高其参与率。农民接受技能培训是对自我人力资本的投资，既要考虑培训的课程费用以及在此期间的误工成本等直接经济损失，还要顾及他们心理上的压力。因此，完善乡村职业技能培训的补贴政策至关重要，这能够切实减轻农民参与培训的经济负担。

其次，应当致力于建立健全农村职业技能培训体系，确保培训内容的实用性和前瞻性。根据农村不同务工类型农民的实际需要，开展多元化的农村职业技能培训。结合用工企业和农民的实际技能需要，立足市场发展需求，按需开班、按需培训，实现培训效益最大化。在乡村振兴战略的推进下，农村劳动力市场需要越来越多的高质量的专业技术人员，农村职业技能培训应当为返乡农民工和创业大学生等特定群体搭建专门的就业培训平台，根据他们的实际需求开展精准、有效的培训活动，助力他们更好地适应和融入农村就业市场。

最后，通过改革农村专业技术人才培养的方式，保证农民参与人才培训的实效。对农村职业技能培训机构进行适当的布局和结构优化，采用产、学、用一体化的系统性培养模式。培训时间尽量选择农民空闲时段进行，以短期训练、周期训练为主，在靠近农民居住区域较近的地点开展培训，或者采用"专家下乡""田间培训"等场景互动方式进行培训。实现农民上网直接对接专家咨询、参与网上培训。

三、注重乡村思想政治教育的双向互动

农村地区的意识形态和思想政治教育对乡村文化生活化建设起着重要的导向作用。马克思的社会交往理论强调人的主体性产生于自然和社会两个方面，即人的主体性生成既是通过改造自然而实现的，又是通过人与人之间的持续交往而实现的。由此，农村意识形态教育应从传统的单向教授转变为"双向交互"的教育方式，在日常生活交往中促进农民主体性的生成。

农村意识形态教育要按照党的十八大以来有关乡村发展的战略布局和方针，紧密联系农民日常生活实际，设计接地气的思想政治教育内容。同时，要增强乡村思想政治教育的务实性。农村思想政治教育作为将党的政治理念传达给农民群体的重要桥梁，起着双向互动的作用。在广大农村地区，农村居民的观念相对比较保守和现实，因此在选择农村思想政治工作方式时，需要采取更为切实可行、简便直接的方式。要从偏重理论的经验主义转变为关注村民日常生活状态的实际思考，保护他们较为看重的

物质权益，提高他们迫切需要的精神和文化体验。此外，农村思想政治教育的主体在发挥主导作用时，也要充分尊重农民的自主选择权，为他们提供足够的空间。深化农村思想政治工作的关键在于进一步提高农民与思想政治教育载体的相容性。思想政治教育内容的传递和方法的运用，离不开一个适宜的载体作为桥梁和纽带。这个载体不仅承载着丰富的教育内容，而且还直接影响着农民对思想政治教育的接受度和参与度。具体到农民与思想政治教育载体之间的相容性，实际上是在探讨农民如何能够更好地适应并接受这一载体，以及这一载体如何能够更有效地满足农民的实际需求。具体来说，提高相容性意味着我们需要深入了解农民的爱好、兴趣、心理以及自我实现等方面的诉求，确保思想政治教育载体能够与之相契合。只有这样，农民才能从中感受到心灵的愉悦，进而产生参与思想政治教育活动的内在动力和热情。因此，我们需要不断创新思想政治教育的形式和内容，探索更多符合农民实际需求的载体和方式。例如，可以通过举办丰富多彩的文化活动、开设贴近农民生活的课程、利用现代科技手段等方式，让思想政治教育更加生动、有趣和实用。

第四节 引导农民新行为方式的形成

农民的日常行为往往受到惯习的影响，若要打破这种旧有的行为惯习并培养出新的行为模式，必须从两方面着手。一方面，需要将新的行为模式转化为农民自身的内在需求，使其自然而然地接纳并实践；另一方面，要通过积极展示新行为所带来的正面效应，让农民切实感受到新行为相较于旧模式的优越性，从而激发他们主动改变自身行为的意愿和动力。这样，才能在尊重农民日常生活行为惯习的基础上，引导他们逐步形成良好的行为方式。

一、出发点和落脚点应契合农民实际需求

随着经济的不断发展，农民的生活消费水平也随之提高，生活中使用的物品日益多元化，所产生的废弃物逐渐增多。乡村传统的生活垃圾，或是自行分解，或是循环利用。但是，现在农村的垃圾中非生物分解的成分大大增加，无法进行堆填，随意丢弃生活垃圾不仅会对周边环境和村庄的整体面貌造成不良影响，而且会破坏生态平衡。因此，农村居民普遍呼吁实施生活垃圾的集中处理，以满足他们对更整洁、更宜居生活环境的需求。

此外，农民日常生活行为惯习的养成需逐层实现。首先是契合农民当前的需求，再逐步实现更高层次的认同，即对自觉健康行为方式的认同。同时，村民的实际需求也在日常生活行为惯习的养成过程中被挖掘出来。笔者发现，村子里的人在干脏活儿或者下田耕

作时，都会特意换一身旧衣服。他们解释说，以前条件不好，只有一两套衣服，也谈不上什么干不干净、清不清爽；现在条件好了，衣服多了，出门办事儿都寻思穿得体面一些。在田间干活儿，容易弄脏衣服，所以就穿旧衣服劳作。在皖北 C 村实地调查中，笔者想去一户农民家里的鹅舍看一看，农民觉得鹅舍很乱，最近两天没有打扫，不好意思请我们进入，邀请我们第二天再去参观。这里的"脏"也是与整体的整洁对比出来的。由此可以看出，农民对于"脏"的界定，随着生活水平的提高，其评判的尺度也在逐步提高。而且，这些习惯的改变都是自然而然的，在经历了清洁干净的生活环境后，就会产生一种基本的清洁和美感的生活需要。而一旦他们有了这种认同，就会改变日常生活中的行为惯习。

二、正向行为效果激励村民长久坚持

政策进入村民日常生活所引起的个体行为变化，正是国家力量介入农民生活领域的体现。这种介入不仅促使农民调整原有的生活习惯，而且使新的行为模式得以常态化，从而推动农民生活方式的进步与革新。

政策方针常常带有城市化和现代化的趋势。然而，农民的日常生活行为惯习的养成主要聚焦私人生活范畴，这一领域具有日常化、私密性和个性化的鲜明特征。与公共领域以及那些需要刚性规训的方面相比，它们之间的联系并不紧密。这意味着农民在私人生活中所展现的行为习惯更多地反映了他们的个人选择和偏好，而非受到公共规范或刚性规训的直接影响。即使采取严格的规训措施，个人的私生活也很难被改变。因此，要使农民的日常生活行为惯习养成有效，就必须通过隐性的、间接的方式让正向行为起到示范作用。

基层政府在加强与乡村社会各个层面的联系时，应着重了解并满足农民日常生活中合理诉求和需要，实现国家对农民日常生活世界有效、有限度地干预。在传承村庄生活伦理的基础上，健全道德评价的奖励制度，树立起道德标杆，让农民看到行为改变的效果；公众舆论力量由虚转实，实现民意与现实的紧密联系，增强村民的积极性和热情。在两者互动过程中激发出村民的文化参与意识，培育村民的认同感与归属感，从而形成基于共同伦理价值观的行为认同。

当然，如果没有任何外力的帮助、支撑，单靠农民个体的生活世界发生缓慢改变，那将是一个十分漫长的过程，从这个意义上说，国家本位的介入只是阶段性任务，它的目的是引导和规划农民生活世界的现代化，实现文化生活振兴。当自下而上的生活化面向逻辑在农民的生活伦理观念中生根，农民的生活世界发生无意识的、自觉而又自然的变化时，农民的现代化和农村文化的现代化才能真正实现。

附　录

附录 1　村庄访谈提纲（村干部卷）

1. 村庄基本情况：所处的地理位置、道路设施的规划及使用状况、现有人口总量及人员流失情况、传承下来的历史文化等。

2. 村庄农业生产情况：村内总耕地面积多大？耕地种植率有多高？主要种植哪些农作物？

3. 村民外出打工情况：外出务工人员一般去向哪些城市？从事什么行业？人均年收入有多少？留守妇女和儿童有多少？留守妇女的受教育程度怎样？她们主要做哪些工作？

4. 村民收入水平差距大吗？村里贫困户大约占比多少？导致其贫困的原因是什么？

5. 村庄集体经济：发展特色旅游后，集体经济收入的主要变化情况？有没有文化组织、旅游公司等在经营？经营主体是谁？

6. 村里有哪些大姓？村民居住的位置是否集中？村庄整体布局有没有请专人设计？

7. 在农民私人生活空间改造过程中，铺建成了哪些设施？老百姓怎么安置？百姓对设施铺建的艺术设计与规划是否赞同？

8.村庄内乡贤的情况：可以被称为"乡贤"的人应具备哪些条件？他们对村庄有哪些贡献？他们在村内的地位如何？

9.村里人结婚有哪些传统习俗？村里老人去世有哪些仪式？

10.村里有哪些休闲锻炼的场地和设施？村民主要的休闲方式有哪些？

11.村里有没有演出小礼堂、图书室等？于什么时间建成？其主要用途是什么？使用的频次有多少？一般有多少人参与？

12.村庄民生福利：合作医疗与养老保险在村民中是否普及？日常过节庆典等有哪些村民福利？

13.创客情况：创客企业大多数来自哪里？创客租赁村里房屋一般需多少钱？是长租还是短租？创客与村民相处是否融洽？

14.村庄义务教育相关情况：村里是否建有学校？村内青少年受教育情况？义务教育普及率有多高？

15.《村规民约》哪一年修订？至今已修订过多少次？有哪些规定？制定过程中是否存在争议？哪些条目存在不同意见？最新的《村规民约》修订后着重对哪方面进行了规范？有没有考核评比与奖惩？

16.村民的居住环境、庭院美化建设、日常排污问题都怎么解决？

17.村里都有哪些有特色的节日习俗？有哪些传统民俗与仪式活动？互联网对传统仪式的冲击具体表现在哪些方面？

18. 村里的治安情况怎么样？社会风气怎么样？

19. 村落友好姊妹村结缘及相关情况：与附近哪些村落关系较好？交好的原因是什么？有无共同发展的产业？对自身村庄的发展存在哪些有利的地方？

附录 2　村庄访谈提纲（村民卷）

1. 村民基本信息：年龄、性别、文化程度、家庭主要成员。

2. 主要种植哪些农耕和林作物？各种作物的种植规模如何？本村是否有流传的农谚或顺口溜？

3. 您家的生活作息习惯是什么样的？您及家人都是几点起床？几点开始耕作或工作？

4. 您家的主要收入来源有哪些？在这些收入来源中，哪一项占比最高？您家的收入在全村中处于什么水平？是高于平均水平，还是与之相当，又或是稍低一些？

5. 您一般什么时间会有闲暇？您经常参与村里的文娱活动或者使用村里的休闲设施吗？您更喜欢哪些休闲活动？

6. 村里主要组织哪些休闲活动？多久组织一次？参与的人多吗？村里 Wi-Fi（无线网）有没有全覆盖？您会上网吗？上网主要做哪些事情？

7. 村里主要有哪些志愿者活动？有没有组织志愿者服务队伍？您有没有参加村里的志愿者服务队？

8. 您家里有几个孩子？是否在学校读书？学校距离家里远不远？子女上学、放学方便吗？您觉得教育负担重不重？孩子一年的教育花费有多少？

9. 您的子女参加工作了吗？在哪里工作？从事的是什么职业？收入情况怎么样？子女大概多久回家一次？子女孝顺吗？

10. 您的子女对未来在城市定居还是留在农村有什么看法或计划？有没有在城里买房？是否计划将父母接到城市里一起生活？您愿意离开农村去城市里生活吗？

11. 您家有没有参与"农家乐"或村内其他类型的经营活动？有没有进一步扩大规模的打算？

12. "农家乐"经营中需要请人帮忙吗？一般是哪些方面需要请人帮忙？如果需要的话，您一般请谁帮忙？在经营过程中有什么需要克服的困难？有没有开心的收获？如果没有参与"农家乐"经营的话，能否说说具体原因？

13. 您认为乡村旅游开发实施前和实施后，您的日常生活有没有发生显著的变化？如果有，请说说具体变化。

14. 村子发展后，村里的女性好就业吗？女性可以从事的工作岗位有什么变化？闲暇时间做的事情有什么变化？家庭地位有什么变化？

15. （仅针对女性村民）您参加"红莓姐姐"女红学习队了吗？每次活动都参与吗？参加活动后是否有助于缓和婆媳、邻里之间的矛盾？

16. 邻里间的纠纷多不多？如果有纠纷的话，都是什么样的纠纷？一般会采取什么方式解决？会请谁出面解决纠纷？

17.（仅针对创客／新村民）您来村里多久了？与本地村民相处得好吗？您会积极参与村里的文化活动与公共事务吗？村里对您的产业的支持力度怎么样？经营收入怎么样？

附录3 村庄访谈对象基本信息表

访谈类型及编号	年龄	性别	职业类型
CM01	31	女	家庭主妇
CM02	46	男	务农
CM03	42	男	零散务工
CM04	27	女	家庭主妇
CM05	33	女	村小教师
CM06	31	女	工厂会计
CM07	46	女	务工
CM08	42	女	务农
CM09	62	女	新村民，经营农家乐
CM10	62	男	务农
CM11	32	男	经营农家乐
CM12	36	男	经营电商
CM13	30	男	新村民，经营特色文化小馆
CM14	33	女	家庭主妇
CM15	33	女	工厂女工
CM16	32	女	工厂女工
CM17	64	男	务农
CM18	32	男	零散务工
CM19	36	男	赋闲
CM20	37	男	工厂男工
CM21	41	女	零散务工

访谈类型及编号	年龄	性别	职业类型
CM22	34	女	务农
CM23	70	女	退休
CM24	38	女	家庭主妇
CM25	42	女	家庭主妇
CM26	46	男	因残赋闲
CM27	44	女	家庭主妇
CM28	50	男	务农
CM29	58	男	零散务工
CM30	26	男	新村民，经营农家乐
CM31	26	男	返村创业青年
CM32	24	男	返村创业青年
CM33	21	女	返村创业青年
CM34	23	女	特色农场工作人员
CM35	26	男	新村民，特色农场工作人员
CM36	48	男	务农
CM37	67	男	务农
CM38	69	女	退休
CM39	70	男	退休
CM40	50	男	务工
CM41	34	女	家庭妇女
CM42	49	女	工厂女工
CM43	72	男	退休
CM44	67	女	退休
CM45	31	女	零散务工

访谈类型及编号	年龄	性别	职业类型
CM46	32	女	新村民，经营特色文化小馆
CGB01	59	男	村干部
CGB02	36	女	村干部
CGB03	48	男	村干部
CGB04	46	女	村干部
CGB05	52	男	村干部
CGB06	38	男	村干部
CGB07	64	男	村干部
CGB08	36	女	村干部
ZCGB	48	男	驻村干部
ZLD01	50	男	乡镇领导
ZLD02	44	女	乡镇领导

　　注释：ZLD=镇领导，CGB=村干部，ZCGB=驻村干部，CM=村民；CM01代表村民1号，CM02代表村民2号，余同。

参考文献

一、中文图书

[1] 陈明明.转型危机与国家治理 [M].上海：上海人民出版社，2011.

[2] 当代中国研究所.中华人民共和国史稿：第 3 卷 [M].北京：当代中国出版社，2012.

[3] 丁贤勇.三代人·六十年：中国乡土社会的 40 个故事 [M].北京：中国社会科学出版社，2013.

[4] 方晓东，李玉非.中华人民共和国教育史纲 [M].海口：海南出版社，2002.

[5] 费孝通.乡土中国　生育制度 [M].北京：北京大学出版社，1998.

[6] 顾益康，金佩华，等.改革开放 35 年中国农民发展报告 [M].北京：中国农业出版社，2013.

[7] 贺雪峰.新乡土中国：转型期乡村社会调查笔记 [M].桂林：广西师范大学出版社，2003.

[8] 黄炎培.职业教育论 [M].北京：商务印书馆，2019.

[9] 江华.文化哲学与文化建设 [M].北京：国家行政学院出版社，2015.

[10] 李景汉.定县社会概况调查 [M].上海：上海人民出版社，2005.

[11] 李庆真.变迁中的乡村知识群体与乡村社会 [M].北京：光明日报出版社，2010.

[12] 梁漱溟.乡村建设理论 [M].北京：商务印书馆，2015.

[13] 刘铁芳.乡土的逃离与回归——乡村教育的人文重建 [M].福州：福建教育出版社，2008.

[14] 吕红平.农村家族问题与现代化 [M].保定：河北大学出版社，2001.

[15] 毛泽东.毛泽东著作选读：上卷 [M].北京：人民出版社，1986.

[16] 毛志峰.人类文明与可持续发展——三种文明论 [M].北京：新华出版社，2004.

[17] 潘维，廉思.中国社会价值观变迁 30 年（1978—2008）[M].北京：中国社会科学出版社，2008.

[18] 齐武.一个革命根据地的成长——抗日战争和解放战争时期的晋察冀豫边区概况 [M].北京：人民出版社，1957.

[19] 钱穆.中国文化导论 [M].北京：中国青年出版社，1989.

[20] 十八大以来重要文献选编：上 [M].北京：中央文献出版社，2018.

[21] 十八大以来重要文献选编：下 [M].北京：中央文献出版社，2018.

[22] 十七大以来重要文献选编：下 [M].北京：中央文献出版社，2013.

[23] 十七大以来重要文献选编：中 [M].北京：中央文献出版社，2011.

[24] 陶行知.陶行知全集：第 2 卷 [M].成都：四川教育出版社，2005.

[25] 王景新，鲁克荣，郭海霞.中国共产党早期乡村建设思想研究 [M].北京：中国社会科学出版社，2011

[26] 吴锦程.中国农民教育供给制度研究 [M].北京：人民出版社，2012.

[27] 吴宁.日常生活批判 [M].北京：人民出版社，2007.

[28] 习近平.习近平谈治国理政：第二卷 [M].北京：外文出版社，2017.

[29] 习近平 . 习近平谈治国理政：第三卷 [M]. 北京：外文出版社，2020.

[30] 湘鄂赣革命根据地文献资料编选组 . 湘鄂赣革命根据地文献资料：第二辑 [M]. 北京：人民出版社，1986.

[31] 谢纳 . 空间生产与文化表征：空间转向视阈中的文学研究 [M]. 北京：中国人民大学出版社，2010.

[32] 晏阳初 . 平民教育与乡村建设运动 [M]. 北京：商务印书馆，2014.

[33] 杨善华 . 当代西方社会学理论 [M]. 北京：北京大学出版社，1999.

[34] 杨素稳，李德芳 . 中国共产党农村思想政治教育史 [M]. 北京：中国社会科学出版社，2007.

[35] 张厚安，徐勇，项继权，等 . 中国农村村级治理——22 个村的调查与比较 [M]. 武汉：华中师范大学出版社，2000.

[36] 中共中央党史和文献研究院 . 习近平关于"三农"工作论述摘编 [M]. 北京：中央文献出版社，2019.

[37] 中共中央宣传部 . 习近平新时代中国特色社会主义思想三十讲 [M]. 北京：学习出版社，2018.

[38]《中国教育年鉴》编辑部 . 中国教育年鉴（1949—1981）[M]. 长沙：湖南教育出版社，1986.

[39] 周军 . 中国现代化与乡村文化建构 [M]. 北京：中国社会科学出版社，2012.

[40] 狄骥 . 公法的变迁：法律与国家 [M]. 郑戈，译 . 沈阳：春风文艺出版社，1999.

[41] 杜赞奇 . 文化、权力与国家：1900—1942 年的华北农村 [M]. 王福明，译 . 南京：江苏人民出版社，1996.

[42] 福柯 . 规训与惩戒 [M]. 刘北成，杨远婴，译 . 北京：生活·读书·新知

三联书店，2003.

[43] 戈夫曼 . 日常生活的自我呈现 [M]. 冯刚，译 . 北京：北京大学出版社，
2008.

[44] 格根 . 社会构建的邀请 [M]. 许婧，译 . 北京：北京大学出版社，2011.

[45] 海德格尔 . 存在与时间 [M]. 陈嘉映，等译 . 北京：生活·读书·新知三
联书店，1987.

[46] 胡塞尔 . 欧洲科学危机和超验现象学 [M]. 张庆熊，译 . 上海：上海译文
出版社，2002.

[47] 霍布斯 . 利维坦 [M]. 黎思复，黎廷弼，译 . 北京：商务印书馆，1985.

[48] 吉登斯 . 社会的构成 [M]. 李康，李猛，译 . 北京：生活·读书·新知三
联书店，1998.

[49] 吉登斯 . 现代性的后果 [M]. 田禾，译 . 南京：译林出版社，2000.

[50] 景军 . 神堂记忆——一个中国乡村的历史、权力与道德 [M]. 吴飞，译 . 福
州：海峡出版发行集团、福建教育出版社，2014.

[51] 李怀印 . 乡村中国纪事——集体化和改革的微观历程 [M]. 包蕾，译 . 北
京：法律出版社，2010.

[52] 李普曼 . 公共舆论 [M]. 阎克文，江红，译 . 上海：上海人民出版社，
2002.

[53] 列斐伏尔 . 日常生活批判：第二卷 [M]. 叶齐茂，倪晓辉，译 . 北京：社
会科学文献出版社，2018.

[54] 马尔库塞 . 单向度的人——发达工业社会意识形态研究 [M]. 刘继，译 . 上
海：上海译文出版社，1989.

[55] 马克思，恩格斯 . 马克思恩格斯选集：第一卷 [M]. 中共中央马克思恩格
斯列宁斯大林著作编译局，译 . 北京：人民出版社，2012.

[56] 莫斯 . 礼物 [M]. 汲喆，译 . 上海：上海人民出版社，2002.

[57] 佩鲁 . 新发展观 [M]. 张宁，丰子仪，译 . 北京：华夏出版社，1987.

[58] 齐美尔 . 社会学：关于社会化形式的研究 [M]. 林荣远，译 . 北京：华夏出版社，2002.

[59] 芮德菲尔德 . 农民社会与文化：人类学对文明的一种诠释 [M]. 王莹，译 . 北京：中国社会科学出版社，2013.

[60] 斯科特 . 制度与组织——思想观念与物质利益 [M]. 姚伟，王黎芳，译 . 北京：中国人民大学出版社，2010.

[61] 泰勒 . 原始文化：神话、哲学、宗教、语言、艺术和习俗发展之研究 [M]. 连树声，译 . 南宁：广西师范大学出版社，2005.

[62] 特纳 . 身体与社会 [M]. 马海良，赵国新，译 . 沈阳：春风文艺出版社，2000.

[63] 王斯福 . 帝国的隐喻：中国民间宗教 [M]. 赵旭东，孙美娟，译 . 南京：凤凰出版传媒集团、江苏人民出版社，2008.

[64] 威亚尔达 . 非西方发展理论 [M]. 董正华，昝涛，译 . 北京：北京大学出版社，2006.

[65] 维柯 . 论人文教育——大学开学典礼演讲集 [M]. 张小勇，译 . 桂林：广西师范大学出版社，2005.

[66] 维特根斯坦 . 哲学研究 [M]. 汤潮，范光棣，译 . 上海：三联书店，1992.

[67] 阎云翔 . 中国社会的个体化 [M]. 陆洋，等译 . 上海：上海译文出版社，2012.

[68] 朱爱岚 . 中国北方村落的社会性别与权力 [M]. 胡玉坤，译 . 南京：江苏人民出版社，2004.

二、期刊与学位论文

[1] 陈柏峰.农村仪式性人情的功能异化 [J].华中科技大学学报（社会科学版），2011（1）.

[2] 陈波.二十年来中国农村文化变迁：表征、影响与思考——来自全国 25 省（市、区）118 村的调查 [J].中国软科学，2015（8）.

[3] 陈映芳."违规"的空间 [J].社会学研究，2013（3）.

[4] 丁成际.当代乡村文化生活现状及建设 [J].毛泽东邓小平理论研究，2014（8）.

[5] 董运生.演变与重塑：中国农民生活空间的变迁 [J].江苏社会科学，2018（6）.

[6] 杜鹏.转型期乡村文化治理的行动逻辑 [J].求实，2021（2）.

[7] 费孝通.对文化的历史性和社会性的思考 [J].思想战线，2004（4）.

[8] 郭占锋，黄民杰.文化失调、组织再造与乡村建设——从梁漱溟《乡村建设理论》论起 [J].中国农业大学学报（社会科学版），2021（1）.

[9] 韩鹏云.中国乡村文化的衰变与应对 [J].湖南农业大学学报（社会科学版），2016（1）.

[10] 何兰萍，殷红春，杨勇.乡村精英与乡村文化的建设 [J].天津大学学报（社会科学版），2009（6）.

[11] 何兰萍.关于重构农村公共文化生活空间的思考 [J].学习与实践，2007（11）.

[12] 胡映兰.论乡土文化的变迁 [J].中国社会科学院研究生院学报，2013（6）.

[13] 纪丽萍.变迁视阈中的现代性与中国乡村文化 [J].理论月刊，2013（5）.

[14] 蒋占峰，李红林.农村文化建设视野中农民幸福感重建探究 [J].长白学刊，2011（1）.

[15] 雷家军，刘晓佳，宋立华.关于新时期乡村文化建设的几点思考 [J].江汉大学学报（社会科学版），2015（2）.

[16] 李佳.从资源到产业：乡村文化的现代性重构 [J].学术论坛，2012（1）.

[17] 李善峰.乡村建设运动：一个社会学的考察 [J].社会学研究，1989（5）.

[18] 李树苗，王欢.家庭变迁、家庭政策演进与中国家庭政策构建 [J].人口与经济，2016（6）.

[19] 李晓明.重塑乡村生活意义与乡土文化价值 [J].长白学刊，2012（4）.

[20] 林苏.黄炎培大职业教育主义研究 [J].南京师范大学学报（社会科学版），2006（6）.

[21] 刘如珍.当代农村公共文化产品供给新策略研究——以福建省农村为例 [J].福建论坛（人文社会科学版），2009（9）.

[22] 刘铁芳.乡村教育的人文重建：起点与路径 [J].湖南师范大学教育科学学报，2008（5）.

[23] 鲁小亚，刘金海.乡村振兴视野下中国农民精神文化生活的变迁及未来治理——基于"社会结构–精神方式"分析路径 [J].农业经济问题，2019（3）.

[24] 鲁振祥.三十年代乡村建设运动的初步考察 [J].政治学研究，1987（4）.

[25] 骆正林.中国乡村政治文化变迁的主要脉络——家族势力、国家权力、民间力量的相互盈缩 [J].探索，2008（6）.

[26] 马永强，王正茂.农村文化建设的内涵和视域 [J].甘肃社会科学，2008（6）.

[27] 孟芳.基于快乐理论视角的农村文化事业发展研究 [J].理论月刊，2010（4）.

[28] 孟莹，张冠增．乡村空间营造的逻辑：基于文化与社会空间理论视角的分析 [J]．城市规划，2018（6）．

[29] 申鲁菁，陈荣卓．现代乡村共同体与公共伦理文化诉求 [J]．甘肃社会科学，2018（2）．

[30] 孙绍勇．交往理性的主体间性向度解析及当代审思——以哈贝马斯交往范式与交往实践旨趣为论域 [J]．山东社会科学，2022（7）．

[31] 索晓霞．乡村振兴战略下的乡土文化价值再认识 [J]．贵州社会科学，2018（1）．

[32] 谭同学．村庄秩序、文化重建与现代化类型 [J]．东岳论丛，2006（2）．

[33] 王凤才．哈贝马斯对生活世界概念的批判性重构 [J]．北京师范大学学报（社会科学版），2024（6）．

[34] 王华斌．土文化传承：价值、约束因素及提升思路 [J]．理论探索，2013（2）．

[35] 王慧娟．农民文化主体意识与农村文化建设基点 [J]．甘肃社会科学，2017（6）．

[36] 王建民．平民教育与文化自觉——晏阳初的乡村建设思想及其启示 [J]．北京工业大学学报（社会科学版），2020（1）．

[37] 王宁．乡村振兴战略下乡村文化建设的现状及发展进路——基于浙江农村文化礼堂的实践探索 [J]．湖北社会科学，2018（9）．

[38] 吴飞．空间实践与诗意的抵抗 [J]．社会学研究，2009（2）．

[39] 吴理财，解胜利．文化治理视角下的乡村文化振兴：价值耦合与体系建构 [J]．华中农业大学学报（社会科学版），2019（1）．

[40] 吴理财，刘磊．改革开放以来乡村社会公共性的流变与建构 [J]．甘肃社会科学，2018（2）．

[41] 武晓伟，朱志勇. 传统与现代：文化哲学视域下的农村教育研究 [J]. 湖南师范大学教育科学学报，2014（6）.

[42] 夏淼. 当代中国乡村文明建设研究 [D]. 兰州：兰州大学，2011.

[43] 谢治菊. 转型期我国乡土文化的断裂与乡土教育的复兴 [J]. 福建师范大学学报（哲学社会科学版），2012（4）.

[44] 徐顽强，沈迁. 基层党建引领乡村治理的运作逻辑与形成机理：基于山东省大户陈家党建示范区的个案分析 [J]. 贵州师范大学学报（社会科学版），2023（2）.

[45] 徐学庆. 社会主义新农村文化建设研究 [D]. 武汉：华中师范大学，2007.

[46] 徐勇. "再识农户"与社会化小农的建构 [J]. 华中师范大学学报（人文社会科学版），2006（3）.

[47] 闫秀丽. 社会主义新农村视阈下的乡村文化建设 [D]. 杭州：浙江大学，2013.

[48] 杨孝容. "创造新文化救活旧农村"——略论梁漱溟乡村民众教育思想 [J]. 西南民族大学学报（人文社科版），2005（4）.

[49] 张环宙，黄超超，周永广. 内生式发展模式研究综述 [J]. 浙江大学学报（人文社科版），2007（2）.

[50] 张军. 农村文化发展与新农村建设 [J]. 学习与探索，2007（1）.

[51] 张良. 实体性、规范性、信仰性：农村文化的三维性分析——基于湖北、安徽两省八县（区）的实证研究 [J]. 中国农村观察，2010（2）.

[52] 张世勇. 电视下乡：农民文化娱乐方式的家庭化 [J]. 华中科技大学学报（社会科学版），2008（6）.

[53] 张伟强，桂拉旦. 制度安排与乡村文化资本的生产和再生产 [J]. 甘肃社

会科学，2016（1）.

[54] 张学东."日常生活"的理论嬗变及其对社会管理的"隐喻"——基于社会学理论的梳理与思考 [J]. 广西社会科学，2014（2）.

[55] 赵霞，杨筱柏. 当代中国乡村文化认同的理论外延与路径依赖 [J]. 河北师范大学学报（哲学社会科学版），2013（5）.

[56] 赵旭东，孙笑非. 中国乡村文化的再生产——基于一种文化转型观念的再思考 [J]. 南京农业大学学报（社会科学版），2017（1）.

[57] 郑杭生，李迎生. 中国早期社会学中的乡村建设学派 [J]. 社会科学战线，2000（3）.

[58] 郑永君，张大维. 社会转型中的乡村治理：从权力的文化网络到权力的利益网络 [J]. 学习与实践，2015（2）.

[59] 郑震. 列斐伏尔日常生活批判理论的社会学意义——迈向一种日常生活的社会学 [J]. 社会学研究，2011（3）.

[60] 周军，田克勤. 中国农村现代化进程中农民文化价值观的变迁及其引导 [J]. 东北师大学报（哲学社会科学版），2013（3）.

[61] 周军. 当代中国乡村文化变迁的因素分析及路径选择 [J]. 中央民族大学学报（哲学社会科学版），2011（2）.

[62] 周军. 中国现代化进程中乡村文化的变迁及其建构问题研究 [D]. 长春：吉林大学，2010.

[63] 朱启臻. 当前乡村振兴的障碍因素及对策分析 [J]. 人民论坛·学术前沿，2018（2）.

[64] 朱志平，姚科艳，鞠萍. 乡村文化现代转型及其路径选择：基于马庄经验 [J]. 中国农业大学学报（社会科学版），2020，37（4）.

三、外文文献

[1] ARON P. Main Currents in Sociological Thought [M]. New York: Doubleday, 1970.

[2] BAKER K M. Memory and Practice: Politics and the Representation of the Past in Eighteenth-century France [J]. Representations, 1985(11).

[3] CLIFFORD D. Anti-oppressive Ethics and Values in Social Work [M]. New York: Palgrave Macmillan, 2009.

[4] FONTANA B, GARY R. Talking Democracy: Historical Perspectives on Rhetoric and Democracy [M]. University Park, PA: Pennsylvania State University Press, 2004.

[5] JIIRGEN R, BEMARD G. Participatory Governance:Political and Societal Implications [M]. Opladen: Leske and Budrich, 2012.

[6] JOHN D Z. Discursive Democracy [M]. Cambridge: Cambridge University Press, 1999.

[7] PALMBERGER M. How Generations Remember: Conflicting Histories and Shared Memories in Post-war Bosnia and Herzegovina [M]. London: The Palgrave Macmillan, 2016.

[8] PATEMAN W. Participation and Democratic Theory [M]. Cambridge: Cambridge University Press, 1970.

[9] PETER B, THOMAS L. The Social Construction of Reality [M]. New York: Anchor Books, 1966.

[10] RICOEUR P. Memory and Forgetting [M]// KARNEY R, DOOLEY M. Questioning Ethics. London: Routledge, 1999.

[11] SCHWARTZ B. George Washington: The Making of American Symbol [M]. New York: Cornell University Press, 1990.

[12] VIVIENNE S.The Reach of the State: Sketches of the Chinese Body Politic [J]. China Quarterly, 1998(8).

后　记

这部专著的写作历时良久，终于要面世了，其诞生轨迹，恰似乡村治理现代化的进程——始于困惑与求索，成于坚守与突破。作为从博士论文蜕变而来的学术成果，它的形成过程远没有预想容易。记得毕业论文开题答辩时，有位评审专家尖锐地指出："你的理论框架像件不合身的西装，套在乡土中国的身躯上稍显局促。"这句话犹如当头棒喝，促使我重新扎根田野：深入村规民约的治理实践，观察非遗传承的现代化转型，记录"文化 IP"与乡土伦理的碰撞……这些鲜活的素材，最终融汇成"乡村文化生活化建设"的理论骨架。

需要特别致谢的是那些"非典型学术伙伴"。感谢 M 村党支部陶书记，他在雨天带我巡访文化小礼堂时传授了十字箴言："重要的是村民喜欢什么。"这几个字后来成为贯穿本书的隐性线索。感谢被标注为"CM32"的返乡青年小陈，他曾直言："你们做学问的总喜欢把简单事情复杂化。"他的批评促使我重新审视理论话语的表达方式。

学术共同体的滋养同样不可或缺。导师"贴着地皮做学问"的叮嘱，化作书稿中162个实地调研日夜的坚守；匿名评审专家关于"日常生活理论"的深度追问，促使我重新梳理了日常生活理论的发展流变；编辑部老师对"治理叙事与理论紧密结合"的善意提醒，让理论建构既保有泥土气息又不失学术筋骨。这些思想碰撞产生的奇妙化学反应，如同碳元素在高温高压下的晶格重构——唯有经历持续的知识共振，才能让学术思考绽放钻石般的光芒。

回望研究历程，有三个认知转变尤为关键。其一，是从"治理对象"到"治理主体"的视角转换。当我们在M村观察村民自发组建广场舞团队，传承民俗文化，还创作了多个获奖节目时，瞬间理解了费孝通先生"文化自觉"的真谛。其二，是从"政策落地"到"文化生根"的思维升级。这一点在跟踪M村移风易俗案例时感受尤深：那些真正成功的治理创新，往往像老槐树的根系，看似生长缓慢却穿透岩层。其三，是从"理论搬运"到"范式创新"的方法觉醒。正如M村生活化建设实践带给我的启示：真正有生命力的学术创造，应该既传承传统智慧又指向未来图景。

书中的遗憾与不足，恰似田野调查时总也拍不完美的朝霞——虽知缺陷所在，却成了继续追寻的动力。对M村创客文化的分析尚显粗疏；特别是数字化如何冲击、重构乡村文化网络，这个最初设想的重点章节，最终只留下简短的试探性思考。这些未尽事宜，或许将成为下个研究周期的起点。

某个整理访谈录音的深夜，偶然重听 M 村老农的这段话："你们说的生活化建设，在我们这儿就是让年轻人愿意在村里踏实生活、不外出，让孩子们能在文化广场背唐诗。"这质朴的话语，恰是对本书核心命题的最佳注解。新时代乡村文化生活化建设的终极目标，不在于建造多少文化场馆或举办多少文艺汇演，而在于让老百姓在日常中感受文化的力量，在春种秋收间体悟治理的温度。

值此书稿付梓之际，特别想把最后的致谢留给这个波澜壮阔的新时代。是乡村振兴战略的提出与全面推进，让我们得以观察文化建设最生动的实践样本；是基层干部群众的创新探索，为学术研究提供了取之不尽的智慧源泉；更是中华文明五千多年的文化积淀，赋予我们破解现代治理难题的历史密钥。当在 M 村看见非遗传承人通过抖音传授掐丝珐琅技艺时，我深切感受到：传统与现代的对话从未停息，而学术研究的使命，就是为这种对话搭建理解的桥梁。

此刻，电脑旁的茶杯正袅袅升起热气，恍若一年前在村党支部那杯待客的枣茶。从博士论文到学术专著，从书斋到田野再回到书斋，这场学术苦旅带给我的最大馈赠，是学会了用"文化持有者的内部眼界"观察世界。如果说本书还有些许可取之处，那必是得益于无数基层实践者教会我的那个朴素真理：最好的建设，永远生长在生活深处；最美的文化，始终绽放在百姓心头。

谨以这本小书，献给所有在乡村文化振兴道路上孜孜以求的同行者——我们的脚上沾有多少泥土，心中就沉淀了多少真情。

汪卉卉

2025 年惊蛰于安大磐苑